QUEM QUER (PODE) SER NEGRO NO BRASIL?

O procedimento de heteroidentificação racial na UFMG e os impactos nos modos de pensar identidade e identificação racial no Brasil

QUEM QUER (PODE) SER NEGRO NO BRASIL?

O procedimento de heteroidentificação racial na UFMG e os impactos nos modos de pensar identidade e identificação racial no Brasil

Rodrigo Ednilson de Jesus

1ª reimpressão

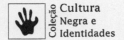

autêntica

Copyright © 2021 Rodrigo Ednilson de Jesus

Todos os direitos reservados pela Autêntica Editora Ltda. Nenhuma parte desta publicação poderá ser reproduzida, seja por meios mecânicos, eletrônicos, seja via cópia xerográfica, sem a autorização prévia da Editora.

COORDENADORA DA COLEÇÃO
Nilma Lino Gomes

CONSELHO EDITORIAL
Marta Araújo (Universidade de Coimbra);
Petronilha Beatriz Gonçalves e Silva (UFSCAR);
Renato Emerson dos Santos (UERJ); Maria
Nazareth Soares Fonseca (PUC Minas);
Kabengele Munanga (USP)

EDITORAS RESPONSÁVEIS
Rejane Dias
Cecília Martins

REVISÃO
Bruna Emanuele Fernandes

CAPA
Alberto Bittencourt
(Sobre ilustração Lightspring/Shutterstock)

DIAGRAMAÇÃO
Waldênia Alvarenga

Dados Internacionais de Catalogação na Publicação (CIP)
(Câmara Brasileira do Livro, SP, Brasil)

Jesus, Rodrigo Ednilson de
  Quem quer (pode) ser negro no Brasil?: o procedimento de heteroidentificação racial na UFMG e os impactos nos modos de pensar identidade e identificação racial no Brasil/ Rodrigo Ednilson de Jesus. -- 1. ed.; 1. reimp. -- Belo Horizonte : Autêntica, 2024. -- (Cultura Negra e Identidades / coordenação Nilma Lino Gomes)

  Bibliografia.
  ISBN 978-65-5928-038-4

  1. Ações afirmativas 2. Brasil - Relações raciais 3. Ensino superior - Brasil 4. Identidade racial 5. Negros - Brasil 6. Negros - Política governamental - Brasil 7. Políticas públicas - Brasil 8. Universidade Federal de Minas Gerais (UFMG) I. Gomes, Nilma Lino. II. Título. III. Série.

21-58549   CDD-379.26098151

Índices para catálogo sistemático:
1. Ações afirmativas : UFMG : Identidade racial : Educação   379.26098151

Cibele Maria Dias - Bibliotecária - CRB-8/9427

Belo Horizonte
Rua Carlos Turner, 420
Silveira . 31140-520
Belo Horizonte . MG
Tel.: (55 31) 3465 4500
www.grupoautentica.com.br
SAC: atendimentoleitor@grupoautentica.com.br

São Paulo
Av. Paulista, 2.073, Conjunto Nacional
Horsa I . Sala 309 . Bela Vista
01311-940 São Paulo . SP
Tel.: (55 11) 3034 4468

SUMÁRIO

7   Prefácio
Nilma Lino Gomes

19   Apresentação
Sandra Regina Goulart Almeida

23   Introdução

31   CAPÍTULO 1: **Quem quer (pode) ser negro no Brasil?**

32   Uma nova cara para o ensino superior brasileiro?

36   A dupla dimensão da identidade:
autodeclaração e heteroidentificação

48   Mas, afinal, quem quer (pode) ser negro no Brasil?

53   CAPÍTULO 2: **Um procedimento de heteroidentificação
com a cara da UFMG**

53   A autodeclaração é necessária, porém não suficiente!

65   O momento de realização das bancas

79   CAPÍTULO 3: **As cartas consubstanciadas como estratégia
de elevação dos custos de uma autodeclaração falsa**

95 CAPÍTULO 4: **Análise crítica dos procedimentos de heteroidentificação na UFMG: avaliados, avaliadores e medidas judiciais**

101 Sim, é possível saber quem é negro (no Brasil) nos procedimentos de heteroidentificação!

110 Sim, é possível construir avaliações convergentes nos procedimentos de heteroidentificação!

117 "Uma aula do que não se deve fazer": múltiplos critérios na mesma decisão judicial

127 Considerações finais

133 Referências

Prefácio

Nilma Lino Gomes[1]

O livro *Quem quer (pode) ser negro no Brasil? O procedimento de heteroidentificação racial na UFMG e os impactos nos modos de pensar identidade e identificação racial no Brasil*, do professor Rodrigo Ednilson de Jesus, problematiza e mostra outras possibilidades de análise diante de um conjunto de perguntas que fazem parte das discussões cotidianas, de estudos e pesquisas e da vida da população negra brasileira: afinal, quem é negro no Brasil? O que é ser negro no Brasil? Quem pode se autodeclarar negro no Brasil?

Longe de querer dar uma resposta final a esse conjunto de questões, fruto de um complexo processo histórico, social, cultural, educacional e político, o professor Rodrigo vai além do simples questionamento. Elabora outra forma de indagar, olhar e analisar tais questões, inspirando-se em sua trajetória pessoal, acadêmica e de gestão. O autor dialoga com a sua própria condição de intelectual negro engajado na luta antirracista.

O que me deixa fascinada ao refletir sobre tantas trajetórias, leituras, produções teóricas e artísticas e ações políticas – constituintes da luta antirracista no Brasil, da qual faz parte o autor desta obra – é o quanto indagações que, a princípio, parecem voltadas para um único segmento

---

[1] Professora titular emérita da UFMG – Faculdade de Educação.

étnico-racial da população, nesse caso, as pessoas negras, inquerem a sociedade brasileira como um todo. Fraturam as falsas verdades sobre a nossa harmonia racial presentes no mito da democracia racial. Desvelam a ambiguidade do racismo brasileiro. Visibilizam a desigualdade racial nas mais diversas áreas, em especial, na educação e, dentro desta, na educação superior.

Se não fosse a incansável e persistente resistência, insubmissão e insurgência de negras e negros ao longo da conformação histórica, social e política brasileira, construída por meio de uma herança ancestral de tantos homens e mulheres africanos escravizados durante o período de dominação colonial, a questão racial não teria pautado o Brasil e os poderes da branquitude aqui constituídos.

E por que reflito sobre isso e presto o meu reconhecimento às ações de resistência negra, as quais, no contexto atual, são representadas pelo Movimento Negro brasileiro nas suas diversas formas de existir, fazer política e intervir social, política e juridicamente na busca de uma sociedade democrática e sem racismo? Porque foi esse movimento e as ações por ele desencadeadas, bem como a sua forma de educar e reeducar negros e não-negros sobre a existência do racismo, a perversidade desse fenômeno na vida de negras e negros, a sua ação nefasta na constituição da nossa sociedade e a forma como ele nos distancia da democracia e da justiça social que pautou uma discussão que provocou a maior inflexão política e epistemológica brasileira nos vinte primeiros anos do século XXI: a luta pelas ações afirmativas.

O livro em questão não deixa dúvida de que as ações afirmativas não se reduzem à política de cotas, como querem alguns. Elas vão muito além: propõem a construção de políticas de combate ao racismo e à desigualdade racial. Elas não só desvelam o grande abismo entre negros e brancos nos mais diversos setores da nossa sociedade, como tem sido historicamente denunciado pelo Movimento Negro e atualmente atestado pelas mais diversas pesquisas nacionais e acadêmicas. As ações afirmativas escancaram o funil racial em que vivemos e visibiliza os setores, os espaços e as instituições nos quais a desigualdade racial atua com maior profundidade. Elas revelam a ausência de esforços do Estado em resolver a desigualdade racial e o pressionam a tomar uma posição pública antirracista. Mostram a falácia meritocrática atrás da qual se escondem acadêmicos, políticos, artistas, pessoas comuns e, inclusive, um grupo de ativistas do campo progressista, alguns iludidos pelo mito da democracia racial e outros que consideram a raça como epifenômeno da classe.

Foi a luta por ações afirmativas que pressionou o Estado brasileiro a sair do lugar da neutralidade estatal e o indagou: afinal, diante de dados nacionais de desigualdade racial no mercado de trabalho, na garantia do emprego, na cultura, na moradia, na gestão, nos lugares de poder e decisão política e econômica, na educação, enfim, no acesso aos direitos, continuará o Estado brasileiro insistindo em permanecer na inércia racial?

Um dos setores mais indagados pela luta em prol das ações afirmativas, no Brasil, tem sido a educação e, em particular, o ensino superior. Refletir sobre essa situação, lendo este livro do professor Rodrigo que agora vem a público, me levou a uma digressão. Uma das boas coisas de se tornar "uma mais velha", no pensamento afrodiaspórico, é a liberdade de digressão, de ir e voltar, de fugir do foco linear esperado dos prefácios, sem, contudo, perder a mensagem que se quer passar. É assim que faço deste prefácio uma homenagem ao professor e amigo Rodrigo Ednilson de Jesus e a tantas pessoas que tornaram as políticas de ações afirmativas possíveis e realizáveis.

No ensino superior, a modalidade de cotas raciais (ou sociorraciais) tem sido a medida mais adotada pelas Instituições Públicas de Ensino Superior (IPES), principalmente, após a iniciativa pioneira da Universidade do Estado da Bahia (UNEB), que, em 2003, mostrou ser absolutamente possível realizar a democratização do acesso e da permanência no ensino superior para estudantes negros por meio de políticas de ações afirmativas.

O importante passo de uma universidade estadual, majoritariamente negra e popular do estado da Bahia, comprovou ser possível aliar a denúncia do Movimento Negro e as pesquisas nacionais sobre desigualdades raciais no ensino superior com uma política pública, democrática e antirracista, fruto de um posicionamento político.

A partir de 2003, a implementação das cotas raciais no ensino superior foi crescendo, ganhando mais espaço e decisões dos órgãos decisórios das universidades ou na forma de leis estaduais até chegar a Lei Federal n.º 12.711/2012, que abarcou todas as Instituições Públicas Federais de Ensino Médio e Superior.

Mas ao lermos essa rápida síntese de um longo processo histórico, político e acadêmico, podemos ter a impressão de que tudo foi rápido, consensual e harmonioso. De forma alguma! Nada é harmonioso no Brasil quando se trata do combate ao racismo e de fazer justiça social para a população negra. O racismo estrutura as relações sociais brasileiras. Qualquer ato de justiça social e racial precisa enfrentá-lo frontalmente nas instituições, nos imaginários, na arena política, no judiciário, na mídia, no mercado de trabalho.

Foi necessária uma ação ainda mais contundente do Movimento Negro, dos negros e das negras em movimento e das pessoas não negras antirracistas para que a universidade, o judiciário e o Estado brasileiro tomassem a decisão de construir políticas públicas de ações afirmativas para combater as desigualdades raciais que assolam historicamente a população negra.

Levamos uma década e meia desde o início dos anos 2000 para que a proposição das ações afirmativas na modalidade de cotas raciais no ensino superior se tornasse uma realidade. Discursos contrários inflamados, manifestos públicos entregues ao Supremo Tribunal Federal acusando seus defensores e o Movimento Negro de serem contrários à República, discussões nas universidades e conselhos universitários, tensões entre os diretórios acadêmicos e estudantes ligados ao Movimento Negro, discussões entre familiares, entre amigos nos momentos de lazer, entre outras, foram algumas situações causadas pelo impacto que essa proposição antirracista trouxe para a realidade brasileira.

A demanda por ações afirmativas e, em especial, a implementação da modalidade de cotas raciais por um grupo de universidades públicas estaduais e federais ao longo da primeira década dos anos 2000 geraram a reação contrária e conservadora (mesmo de algumas pessoas e coletivos sociais que se colocavam socialmente como progressistas) e, principalmente, dos partidos de direita. Um deles, o DEM, moveu a Ação de Descumprimento de Preceito Fundamental (ADPF) 186, junto ao Supremo Tribunal Federal (STF), através da qual, juntamente com o Recurso Extraordinário n.º 597.285/RS, cobraram uma resposta da Suprema Corte. Essa foi realizada, inicialmente, por meio da convocação pelo STF da histórica Audiência Pública sobre a Constitucionalidade de Políticas de Ação Afirmativa de Acesso ao Ensino Superior, entre os dias 3 e 5 de março de 2010.

Da audiência, ouvidos os argumentos favoráveis e contrários à medida, decorreu o também histórico julgamento do STF, no dia 9 de maio de 2012, no qual o conjunto do Tribunal, por unanimidade, concluiu pela constitucionalidade das políticas de ação afirmativa; pela utilização dessas políticas na seleção para o ingresso no ensino superior, especialmente nas instituições públicas; pelo uso do critério racial por essas políticas; pela autoidentificação como método de seleção; e pela modalidade de reserva de vagas ou de estabelecimento de cotas.

Os ventos mudaram após essa decisão do STF. Logo após, o Congresso Nacional aprovou o Projeto de Lei de Cotas, que tramitava na casa desde 1999. Em meio a ataques e defesas, o Ministério da Educação também se mobilizou, e a chamada Lei de Cotas, a Lei n.º 12.711/12, foi aprovada instituindo as cotas para todas as Instituições Federais de Ensino Superior (IFES).

A chamada Lei de Cotas, que não apresenta apenas a especificidade racial, mas também inclui a escola pública e a renda como critérios para a sua implementação (vindo mais tarde, em 2016, a incluir as pessoas com deficiência) está em vigor. No momento em que escrevo este prefácio e o livro do professor Rodrigo Ednilson de Jesus é publicado, falta um pouco mais do que um ano para que se completem 10 anos desde a aprovação da lei. Ela passará, como previsto, por uma avaliação da sociedade e do Congresso Nacional, que pode determinar o seu término ou a sua continuidade.

Não faltam motivos para afirmar que a continuidade da vigência dessa lei federal é necessária. As mudanças importantes e significativas da presença de jovens negros, indígenas, quilombolas, pessoas com deficiência nas IFES atestam a sua importância e a necessidade de seu aperfeiçoamento e continuidade.

Um outro público, que antes era impedido em seu direito de acesso ao ensino superior, passou a frequentar os bancos universitários, produzir conhecimento, realizar pesquisa, ensino, extensão, entrar na pós-graduação, demandar uma reorganização da assistência estudantil, indagar a gestão administrativa e acadêmica, questionar os currículos eurocentrados, trazer novos elementos políticos para a luta estudantil, ocupar os espaços dos *campi*, as moradias estudantis.

As universidades públicas estaduais e federais, os Institutos Federais e os CEFETs, após a implementação da modalidade de cotas raciais e sociais, têm sido obrigados a se reinventar, a ver a "verdade" científica construída sobre os outros, os diferentes, indagada pela presença desses próprios sujeitos.

Denúncias de racismo, formação de coletivos de estudantes negros, de centros de cultura negra, outras corporeidades, estéticas, formas de ser e viver outras culturas, a presença de estudantes negros, indígenas, quilombolas e de pessoas com deficiência, na sua maioria pobres, têm indagado o caráter público da universidade pública.

Aos poucos, a comunidade acadêmica começa a reconhecer a importância da diversidade para a produção de um conhecimento que tenha a cara do nosso país, que dialogue com as experiências sociais, raciais, políticas, étnicas, de gênero e diversidade sexual de um conjunto de sujeitos com histórico de desigualdade, discriminação e invisibilização sociorracial. E com histórico de resistência e de luta.

Mas, como o racismo não dormita, uma das formas construídas para deslegitimar o caráter emancipatório e democrático das políticas de ações afirmativas na sua modalidade de cotas tem sido as tentativas de burlar uma ação política e acadêmica tão séria.

As fraudes se tornaram uma constante. Pessoas socialmente e autodeclaradas brancas, do alto do seu racismo e da sua arrogância, por discordarem da política de ações afirmativas constroem ações fraudulentas. Banalizam o critério de autoidentificação racial, revelando todo o desprezo das elites brancas brasileiras a toda e qualquer ação de combate ao racismo.

Temos assistido a uma proporção significativa de estudantes brancos (e que se sabem brancos) "autodenominarem-se como negros", apelando para uma ancestralidade africana da qual nunca se orgulharam e na qual nem sequer se espelham; pintando a pele com tinta escura; bronzeando artificialmente o corpo; colocando perucas no estilo *black power*; fazendo permanente nos cabelos lisos; colocando lentes de contato de cor escura; ou simplesmente exibindo autoritariamente os seus corpos brancos pelas universidades e dizendo que entraram pelas cotas raciais porque elas se baseiam na autodeclaração e, portanto, a sua opinião não pode ser questionada.

Novamente, as perguntas "Quem é negro no Brasil?", "O que é ser negro no Brasil?" e "Quem pode se declarar negro no Brasil?" vêm a tona com força total.

Os estudantes cotistas negros, os intelectuais negros e o Movimento Negro têm sido os protagonistas na busca por destruir a falácia que está por trás dessas perguntas quando elas surgem não para entender a complexidade da construção da identidade racial brasileira, mas para desqualificar a adoção de políticas de ações afirmativas. Revelam que, no contexto da denúncia das fraudes na Lei de Cotas, essas indagações aparecem como uma forma de desviar a atenção da sociedade brasileira para o ponto central da problemática da fraude e usurpar direitos.

Quem frauda uma política pública comete um crime e deve arcar com a responsabilidade desse ato. O Estado, o jurídico, a mídia, a universidade e demais setores, em uma sociedade que luta para ser mais democrática, têm a obrigação de zelar pela implementação das leis, especialmente, aquelas que garantem direitos aos coletivos sociais diversos com histórico de desigualdade e discriminação.

Os conselhos universitários e as reitorias têm sido cada vez mais pressionados por denúncias de fraudes que se têm se tornado públicas pelos noticiários e pela exposição, por coletivos de estudantes negros e negras, dos perfis das páginas Facebook e Instagram dos fraudulentos e das fraudulentas. Esses órgãos também têm sido cobrados pelos Núcleos de Estudos Afro-Brasileiros (NEABs), pelos youtubers negros e negras, por ativistas do Movimento Negro e de outros movimentos sociais, por professores e professoras, por pesquisadores e pesquisadoras e demais pessoas negras.

A seriedade das universidades e demais IPES brasileiras começou a ser questionada. O silêncio passou a ser denunciado como conivência com as fraudes e como descumprimento da medida prevista pela política de ações afirmativas.

É nesse contexto que as comissões de heteroidentificação, já adotadas por algumas universidades antes mesmo da Lei n.º 12.711/12 e muito atacadas por vários setores acadêmicos, políticos, estudantis e pela mídia hegemônica, começaram a se apresentar com a medida mais adequada para garantir o direito assegurado pela Lei e inibir as fraudes.

A reação começou a vir. Várias IPES passaram a debater o tema da heteroidentificação racial, realizar seminários, construir comissões e bancas de heteroidentificação paritárias com a presença de acadêmicos, técnicos administrativos, estudantes e militantes do Movimento Negro, instituindo formas variadas de garantir a lisura do processo e o direito daqueles e daquelas que estão cobertos pela Lei e punindo os fraudadores.

As comissões e bancas de heteroidentificação – que inicialmente foram consideradas como tribunais raciais, por alguns –, realizadas de formas diversas de acordo com o processo e as decisões internas das IFES, se tornaram espaço de aprendizado sobre a violência racista, os dilemas das trajetórias de estudantes negros (pretos e pardos) e o papel da universidade pública no combate ao racismo.

Esse novo ciclo da implementação das políticas de ações afirmativas por meio da instauração de comissões e bancas de heteroidentificação nas mais diversas IFES também tem reeducado estudantes negros (pretos e pardos) que antes não se viam enquanto tais e recusavam a modalidade de cotas porque estavam enganados pela força do mito da democracia racial e pelo ideal meritocrático. Além disso, muitos não participavam de debates sobre as relações étnico-raciais brasileiras e os dilemas da mestiçagem.

Essa breve digressão só reforça o que tenho escrito e dito há tanto tempo: não há lugar para harmonia racial em um país multirracial no qual a branquitude zomba de uma política antirracista tão séria, construída em meio a tantas lutas históricas, tantos esforços sociais e coletivos por democracia, justiça social e racial. Na minha opinião, a existência das fraudes, por si só, revela a existência do racismo e a desarmonia racial brasileira.

O professor Rodrigo Ednilson de Jesus, autor deste belo e competente livro, acompanhou uma grande parte dessa história. Na realidade, ele faz parte dessa história desde a sua entrada na universidade pública como estudante de Sociologia da UFMG, membro do Programa Ações Afirmativas na UFMG, mestre em Sociologia pela FAFICH/UFMG, doutor em Educação pela FAE/UFMG, professor da FAE/UFMG, pós-doutor em Sociologia pela Universidade de Coimbra, pró-reitor adjunto da Pró-Reitora de Assuntos Estudantis (PRAE) da UFMG e presidente da Comissão de Ações Afirmativas na UFMG. Cabe destacar também a sua passagem pelo Ministério da Educação como Coordenador Nacional de Relações Étnico-Raciais da Secretaria de Educação Continuada, Alfabetização, Diversidade e Inclusão (SECADI).

Suas argutas palestras de nível nacional e internacional, artigos científicos, ações de pesquisa, ensino e extensão, orientações na pós-graduação, trabalho com a educação escolar indígena, com educação e relações étnico-raciais, juventude e juventude negra, formação de professoras e professores, vivências pessoais, políticas, acadêmicas e atuação na gestão atestam a sua competência como um intelectual negro que se desponta e destaca dentre a sua geração.

O livro em questão comprova o quanto o professor Rodrigo Ednilson de Jesus não se deixa seduzir pelos discursos de identidade falsamente construídos por aquelas e aqueles que são contra as políticas de ações afirmativas e se pautam em concepções e posturas racistas para tentar fraudar as cotas raciais adotadas pelas IFES. Ele se posiciona, e isso pode ser visto nas páginas desta obra e na brilhante pesquisa da qual ela se origina.

A experiência do autor e a sua trajetória de construção, implementação e acompanhamento das bancas de heteroidentificação da UFMG o levam a estender sua indagação para além da pergunta *"Quem é negro no Brasil?"*. Como pesquisador incansável, ele elabora um outro tipo de pergunta, mais perspicaz e dotada de uma sagacidade que poucos têm desenvolvido.

Tal indagação está na pergunta-título deste livro: *Quem quer (pode) ser negro no brasil?*. E a resposta, a leitora e o leitor só saberão se lerem a obra na busca por conhecer e compreender o caminho apontado no subtítulo que se segue à questão inicial: "O procedimento de heteroidentificação racial na UFMG e os impactos nos modos de pensar identidade e identificação racial no Brasil".

Tenho certeza de que o caso da UFMG, expandido para compreender esse novo ciclo da implementação das ações afirmativas, que também acontece em outras IFES, lançará novas luzes à nossa reflexão sobre as relações raciais e contribuirá para a elaboração de novas formas de refletir sobre a identidade racial e os desafios do processo de identificação racial em nosso país, principalmente no atual momento político de fortes ataques à democracia, à ciência e à universidade pública.

Março de 2021.

Apresentação

Sandra Regina Goulart Almeida[1]

> *"Do velho ao jovem"*
> *O que os livros escondem*
> *as palavras ditas libertam.*
> *E não há quem ponha*
>
> *um ponto-final na história*
> *É preciso eternizar as palavras*
> *da liberdade ainda e agora...*
>
> Conceição Evaristo

Todo processo de mudança nas formas de estruturação das instituições necessariamente traz em seu bojo a possibilidade de aprendizagem e reflexão profundas, a partir das quais reais transformações, por menores que pareçam a princípio, vão se consolidando. Assim tem sido o processo por meio do qual as políticas de ações afirmativas, de um modo mais amplo, e a Lei de Cotas – Lei n.º 12.711, sancionada em agosto de 2012 –, de forma mais específica, têm sido debatidas e implementadas nas instituições universitárias no Brasil, com impactos significativos na democratização de acesso e na inclusão social no ensino superior.

Em *Quem quer (pode) ser negro no Brasil? O procedimento de heteroidentificação racial na UFMG e os impactos*

---

[1] Reitora da UFMG.

no modo de pensar identidade e identificação racial no Brasil, o professor Rodrigo Ednilson de Jesus, docente da Universidade Federal de Minas Gerais (UFMG), traz uma reflexão aprofundada, arguta e sensível sobre uma temática que tem ensejado debates acalorados no contexto das discussões sobre as relações raciais no Brasil. A reflexão proposta tem ainda o mérito de questionar, de forma modelar, os mecanismos históricos de discriminação racial no país e de colocar definitivamente em xeque um modelo que foi por anos imprimido no imaginário coletivo: o do mito da democracia racial no Brasil e, seu corolário, a crença na miscigenação ampla da população brasileira.

Partindo de uma análise sobre as relações entre as políticas de ações afirmativas, a implementação de mecanismos de controle por meio da autodeclaração racial e das bancas de heteroidentificação, bem como os impactos dessas ações na identificação racial dos sujeitos e na identidade nacional brasileira, o autor nos conduz a um percurso investigativo e reflexivo instigante de aprendizagem, individual e institucional, ao longo de todo o processo.

Com um fino equilíbrio entre o espírito questionador do pesquisador e a inspiração pedagógica do educador, firmemente ancorado em sua experiência acadêmica na UFMG e alhures, e cônscio de seu lugar de fala e reflexão, Rodrigo Ednilson relata uma travessia de aprendizado e análise que perpassa, em um primeiro momento, questões mais gerais pertinentes às autodeclarações e às heteroidentificações raciais no contexto das políticas de cotas raciais no Brasil. A seguir, o autor propõe uma análise do procedimento de heteroidentificação racial adotado pela UFMG, que foi colocado em prática no primeiro semestre de 2019, após um período de ampla pesquisa sobre os pressupostos teóricos, os estudos específicos sobre o tema e um cuidadoso processo de aprendizado em função da necessidade de tornar o processo mais justo e mais inclusivo, de forma que beneficiasse, de fato, aqueles que mais necessitassem dessa importante política de ação afirmativa. No passo seguinte dessa pertinente reflexão, é feita uma análise das cartas consubstanciadas que tiveram papel decisivo no debate sobre as ações afirmativas e também sobre as identidades raciais dos candidatos, como forma de uma autorreflexão que pudesse conduzir a um processo formativo e pedagógico. E, por fim, no último capítulo, o autor retoma a análise dos procedimentos de heteroidentificação racial e das avaliações fenotípicas dos membros das comissões que se debruçaram sobre o procedimento e faz uma análise perspicaz e argumentativa sobre a possibilidade de existência de um senso compartilhado sobre o que denomina de raça social.

Em um momento desafiador de disputas simbólicas pela imposição de concepções sobre projetos de nação distintos, Rodrigo Ednilson encerra sua reflexão com uma visada positiva e esperançosa sobre o impacto da implementação da política de reserva de vagas no ensino superior para estudantes negros e sobre os processos pedagógicos para os indivíduos e para a sociedade. Para o autor, a reflexão propiciada pela maneira mais adequada de implementar a lei de cotas seria uma forma de possibilitar um aprendizado coletivo sobre o tema e uma forma de recolocar em pauta o debate em torno das identidades raciais dos brasileiros e do Brasil, permitindo que as pessoas pensem de modo crítico sobre suas identidades raciais e sobre as formas de discriminação no Brasil, que necessariamente passam pelas identificações fenotípicas. Daí o intrigante, a princípio, título escolhido pelo autor: *Quem quer (pode) ser negro no Brasil?*.

Por trás dessa pergunta retórica, há uma questão de fundo que perpassa toda a reflexão apresentada pelo autor. Querer ser negro, evidenciado pela autodeclaração, e poder sê-lo, pelos critérios fenotípicos raciais adotados nos procedimentos de heteroidentificação, são processos que se complementam em um aprendizado conjunto que pode fazer com que nos identifiquemos cada vez mais como uma nação plurirracial que valoriza e respeita sua cultura, sua história e seus sujeitos racializados. Como diria a escritora Conceição Evaristo: "É preciso eternizar as palavras / da liberdade ainda e agora...".

Tenho a convicção de que o belo e valoroso trabalho que o professor Rodrigo Ednilson de Jesus desenvolve neste livro nos deixa um precioso legado que abrirá caminho para outras reflexões em outros contextos e contribuirá, de forma significativa, para que possamos, como instituições de ensino superior, tomar nossos processos seletivos cada vez mais inclusivos, justos e democráticos.

Introdução

A realização do estágio de pós-doutoramento no Centro de Estudos Sociais da Universidade de Coimbra entre o mês de março de 2019 e fevereiro de 2020 foi um projeto acalentado por mim desde a realização de meu doutorado. Embora minha pesquisa de doutorado estivesse ancorada na necessidade de realizar um estágio sanduíche na Universidade de Cape Town, na África do Sul, e orientada pelo objetivo de pesquisar "Políticas de Ações Afirmativas e imaginário racial em universidades brasileiras e sul-africanas", minha aprovação no concurso para professor assistente na Universidade Federal dos Vales do Jequitinhonha e Mucuri, no interior do estado de Minas Gerais, no ano de 2010, fez com que eu adiasse os planos de vivenciar a dinâmica acadêmica fora do Brasil.

Embora à época tenha desistido do estágio no exterior, não desisti do campo de pesquisa relacionado às políticas de Ações Afirmativas, o que contribuiu para que meu trabalho de conclusão de doutorado, realizado na Faculdade de Educação da UFMG, se intitulasse Ações Afirmativas, educação e relações raciais: conservação, atualização ou reinvenção do Brasil?. Tendo realizado, no mês de março de 2010, trabalho de campo durante a Audiência Pública sobre políticas de Ações Afirmativas e Cotas no Supremo Tribunal Federal em Brasília, pude acompanhar os discursos de um grande número de intelectuais que se dedicavam a pensar as relações raciais no Brasil e que, na ocasião, posicionaram-se publicamente sobre meu tema de pesquisa. A tese que desenvolvi naquela oportunidade era a de que as políticas públicas com recorte racial implementadas no Brasil, em especial as políticas de Ações Afirmativas – geralmente reduzidas a "políticas de cotas" –, estavam desestabilizando as imagens historicamente construídas e socialmente legitimadas sobre o Brasil, sobre o povo brasileiro e sobre o modelo sui generis de relações raciais vigente no Brasil. Na ocasião, os posicionamentos teóricos e políticos dos diferentes atores sociais envolvidos na Audiência Pública foram utilizados para compreender as divergentes representações sociais em disputa sobre raça e racismo, igualdade e desigualdade, justiça e injustiça, identidade nacional e papel da educação formal.

O processo de análise dos discursos proferidos na Audiência evidenciou o fato de que aquele momento de disputas discursivas não se reduzia a uma "guerra de palavras", mas se configurava como um momento de disputas materiais e simbólicas pela imposição de concepções sobre o Brasil e, em consequência, pela apropriação diferencial dos recursos materiais e simbólicos disponíveis. Evidenciou ainda que as divergentes representações sobre o Brasil e sobre as relações raciais brasileiras – que variavam desde aquelas que denunciam a existência de discriminação racial em vários espaços sociais até aquelas que sustentam o caráter harmônico de nossas relações raciais – estavam intimamente associadas às formas como os atores sociais concebiam as alternativas políticas mais adequadas e mais coerentes com os projetos de nação aos quais se filiavam.

Na concepção daqueles que denunciavam a inconstitucionalidade das políticas com recorte racial, as políticas de cotas e de Ações Afirmativas não poderiam ser tomadas como as alternativas políticas mais adequadas para proporcionar a conservação da "Nação Arco-Íris" – referência muito recorrentemente feita à pluralidade cromática brasileira. Por outro lado, os membros do grupo defensor da constitucionalidade das políticas com recorte racial acreditavam que somente a explicitação das bases modernas nas quais se sustentavam as desigualdades no Brasil seria capaz de conceber as alternativas políticas mais adequadas à necessária reinvenção do Brasil, o que poderia possibilitar a emergência de um novo tempo de igualdade e respeito às diferenças.

Embora a primeira fase das políticas de Ações Afirmativas no Brasil – a de debate público em torno da política – seja ilustrativa dos embates em torno dos projetos nacionais distintos, as fases subsequentes – a de implementação da política e a de avaliação e acompanhamento da política – parecem aprofundar e dar contornos concretos ao embate entre projetos nacionais discutidos ao longo da minha tese de doutorado. Aliás, foi a percepção de que esse fenômeno de longa duração e suas respectivas fases – o debate público, a implementação e o acompanhamento das políticas de Ações Afirmativas dirigidas à população brasileira – mantinham estreita relação com os processos de construção da nacionalidade brasileira o que me fez continuar pesquisando este tema e desenvolver pesquisas e ações políticas após o ingresso na Universidade Federal de Minas Gerais como professor do Magistério Superior.

Após uma rápida passagem, entre os anos de 2015 e 2016, pelo Ministério da Educação, ocupando o cargo de Coordenador Nacional de Relações-Étnico Raciais da Secretaria de Educação Continuada, Alfabetização, Diversidade e Inclusão, fui convidado a propor e coordenar a realização de uma pesquisa nacional com o objetivo de avaliar o impacto da implementação de políticas de reserva de vagas no ensino superior brasileiro para estudantes negros e indígenas. Nas primeiras linhas do projeto de pesquisa apresentado por mim ao Ministério da Educação no ano de 2017, eu afirmava que:

> Ao longo da última década, inúmeras experiências de Ações Afirmativas têm sido colocadas em prática em diferentes instituições de ensino superior no Brasil (CARVALHO, 2016; GEEMA, 2013). Concomitantemente, temos verificado uma crescente produção bibliográfica sobre tais experiências que nos ajudam a compreender as dimensões concretas da implementação das Ações Afirmativas no Brasil, bem como os impactos pedagógicos, políticos e administrativos que o ingresso de um novo perfil de estudantes tem provocado no interior dessas instituições (VELLOSO, 2009; SANTOS, QUEIROZ, 2007; REIS, 2007). A pesquisa "Ações Afirmativas no ensino superior: continuidade acadêmica e inserção no mundo do trabalho" se insere nesse contexto e tem como objetivo central avaliar o impacto das ações afirmativas na trajetória acadêmica e profissional de estudantes negros(as) egressos(as) das políticas de reserva de vagas em universidades públicas brasileiras, bem como discutir os principais desdobramentos dessas políticas no âmbito acadêmico brasileiro, com ênfase nas potencialidades de políticas, programas e experiências de Ações Afirmativas.

Embora inicialmente motivado por compreender o impacto das Ações Afirmativas na trajetória acadêmica e profissional de estudantes negros(as) e indígenas egressos(as) das políticas de reserva de vagas em universidades públicas brasileiras, bem como discutir os principais desdobramentos dessas políticas no âmbito acadêmico brasileiro, com ênfase nas potencialidades de políticas, programas e experiências de Ações Afirmativas, a equipe que conduziu a pesquisa avaliou que os resultados da pesquisa "Ações Afirmativas no ensino superior" nos permitiria ir além. Apesar de termos decidido por utilizar o livro Reafirmando Direitos para discutir apenas alguns dos aspetos investigados no decorrer da pesquisa, ao expandirmos nossos olhares para as notícias veiculadas na mídia nacional que abordavam diferentes aspectos das Ações Afirmativas, para as produções acadêmicas sobre Ações Afirmativas no Brasil, para os coletivos e grupos de estudantes negros e indígenas no interior das universidades e para os dados quantitativos referentes às matrículas de estudantes negros e indígenas no ensino superior fomos capazes de identificar os importantes impactos que as políticas afirmativas provocaram no cenário brasileiro nas últimas duas décadas.

Em nossa perspectiva, as trajetórias com as quais tivemos contato não estiveram orientadas apenas para o futuro, para o mercado de trabalho: o que as conversas com estes jovens nos indicaram é que suas trajetórias ensejaram muitas mudanças em suas vidas e de suas famílias no tempo presente, no modo como se viam e no modo como eram vistos. Alguns dos depoimentos, colhidos ao longo desta pesquisa e agora registrados no livro Reafirmando Direitos (Jesus, 2019), colocam em questão uma imagem bastante presente no imaginário coletivo, a de que a entrada na universidade embranquece pessoas negras. Contraditoriamente, ao mesmo tempo que esses espaços continuam sendo vistos e denunciados como colonizadores e extremamente discriminatórios, eles também se revelam como espaços de ressignificação da identidade racial e engajamento político, principalmente, quando esses estudantes se encontraram coletivamente, seja em grupos e coletivos de estudantes, seja em núcleos de pesquisa, ensino ou extensão.

Essa ressignificação identitária, além de possibilitar uma maior e mais profunda compreensão de si, também nos pareceu contribuir para a própria permanência no ensino superior, na medida em que favorecia o fortalecimento de uma sensação de pertencimento, mesmo diante de experiências de discriminação racial e dificuldades de permanência, no âmbito material ou simbólico. Tal ressignificação também parece ter sido capaz de manter uma relação estreita com a experiência acadêmica, à medida que o movimento de se reconhecer negro(a) atravessa os modos de vivenciar e, principalmente, de analisar as experiências, ou ausências de oportunidades, de sociabilidade, de pesquisa, de extensão ou de ingresso na pós-graduação. Percebemos, ainda, no conjunto das entrevistas, que aqueles estudantes ingressantes por meio de cotas e que haviam desenvolvido ou intensificado a percepção de sua identidade racial ao longo da vida universitária relatam um posicionamento mais crítico em relação aos modos de organização das universidades brasileiras, de seus currículos, de seus modos de avaliação e reconhecimento de mérito acadêmico. Constroem-se, dessa forma, não apenas como alunos universitários, mas como intelectuais engajados na produção do conhecimento e na luta antirracista.

Tendo identificado a riqueza de informações acessadas ao longo da pesquisa e, ao mesmo tempo, a impossibilidade de nos debruçarmos sobre os diferentes dados produzidos ao longo dela, em razão da escassez de tempo para executar e concluí-la, resolvi elaborar uma proposta de pós-doutorado que desse conta de aprofundar algumas análises que estiveram presentes apenas de modo superficial no relatório final da pesquisa e no livro já citado.

Entretanto, como já mencionei aqui nesta introdução, o conjunto de atividades desenvolvidas ao longo do ano de 2019, incluindo os seminários dos quais participei na condição de ouvinte, foi fundamental para a reconstrução do meu objeto de análise e para o fortalecimento da percepção de que eu deveria continuar desenvolvendo meus estudos na interface entre as políticas de Ações Afirmativas, a implementação de mecanismos de controle da autodeclaração racial e os impactos na identificação racial dos sujeitos e, de modo geral, na identidade nacional brasileira. Nesse sentido, o objetivo de pesquisa, redefinido durante o estágio de pós-doutorado, consistiu na descrição dos pressupostos teóricos e políticos que subsidiaram a organização do primeiro procedimento de heteroidentificação racial de candidatos(as) à graduação da UFMG e a compreensão de como a observação dos três eixos norteadores do procedimento (estabelecimento de princípios, identificação do público-alvo e definição de critérios) se tornaram fundamentais para a garantia da efetividade da destinação da políticas de Ações Afirmativas no ensino superior brasileiro, em sua dimensão de acesso.

Para apresentar de modo mais organizado as reflexões desenvolvidas, este livro está organizado em quatro capítulos, além da Introdução, das Considerações finais e das Referências.

No Capítulo 1, serão apresentadas reflexões sobre diferentes dimensões que envolvem a elaboração, implementação, avaliação e acompanhamento das políticas de Ações Afirmativas no âmbito de uma grande universidade federal brasileira como a UFMG. Baseado em algumas experiências profissionais que vivi ao longo dos anos de 2016, 2017 e 2018, compartilho algumas reflexões em torno do tema "Autodeclarações e heteroidentificações raciais no contexto das políticas de cotas raciais no Brasil".

No Capítulo 2, apresento, em detalhes, o procedimento de heteroidentificação racial colocado em prática no primeiro semestre do ano de 2019, bem como seus pressupostos teóricos. O Capítulo 3 será dedicado a apresentar e discutir as cartas consubstanciadas que, apesar de não exercerem qualquer impacto na decisão de confirmação ou indeferimento dos(as) candidatos(as), também tiveram papel destacado na ampliação do debate em torno das políticas de Ações Afirmativas e, de modo particular, em torno das identidades raciais dos candidatos.

No último capítulo, o quarto, discuto as possibilidades de realizar procedimentos de heteroidentificação racial que, reconhecendo as dimensões subjetivas dos avaliadores, mostrem-se válidos e confiáveis. Evidenciarei também como as avaliações fenotípicas dos membros das comissões, mesmo quando eles não se baseiam em um consenso dialogado sobre o pertencimento racial dos candidatos, tendem à convergência, indicando a existência de um senso compartilhado sobre "raça social", capaz de associar determinadas características fenotípicas a determinados grupos raciais.

Capítulo 1

Quem quer (pode) ser negro no Brasil?

O primeiro capítulo deste livro é, em boa medida, parte de um artigo elaborado ao longo do ano de 2018 e publicado no início do ano de 2019 em um livro dedicado a debater os vinte anos das políticas de Ações Afirmativas na Universidade Federal de Minas Gerais. Resultado das experiências profissionais experimentadas ao longo dos anos de 2016, 2017 e 2018 em três lugares institucionais que ocupei na instituição – como docente na disciplina "Estado, Sociedade e a produção das desigualdades raciais", oferecida no âmbito da Formação Transversal em Relações Étnico-Raciais e História da África; como membro da Coordenação do Programa Ações Afirmativas na UFMG; e como Pró-reitor Adjunto de Assuntos Estudantis da UFMG –, o artigo, originalmente intitulado "Autodeclaração e heteroidentificação racial no contexto das políticas de cotas: quem quer (pode) ser negro no Brasil?", me permitiu entrar em contato e em confronto com as diferentes dimensões que envolvem a elaboração, implementação, avaliação e acompanhamento das políticas de Ações Afirmativas no âmbito de uma grande universidade federal brasileira.

As reflexões apresentadas no referido artigo, e reproduzidas neste livro, se ancoram, de modo mais direto, em participações minhas, na condição de presidente, em comissões de sindicâncias instituídas com a missão de averiguar denúncias de fraudes em autodeclarações raciais para ingresso na UFMG. O objetivo do presente texto é apresentar apontamentos sobre as estreitas relações entre fraudes em cotas raciais, autodeclarações, heteroidentificações, racismo e mestiçagem no âmbito das políticas afirmativas, em especial na modalidade de reserva de vagas (cotas).

Uma nova cara para o ensino superior brasileiro?

No ano de 2022 a UFMG completará dez anos de implementação de Políticas de Cotas. A partir da Lei 12.711 (BRASIL, 2012), sancionada em agosto de 2012, 59 universidades federais e 38 institutos federais de educação, ciência e tecnologia[1] passaram a reservar 50% de suas matrículas por curso e turno a estudantes oriundos integralmente do ensino médio público, em cursos regulares ou da educação de jovens e adultos. Com essa lei, as vagas reservadas às cotas foram subdivididas entre estudantes de escolas públicas com renda familiar bruta igual ou inferior a um salário mínimo e meio per capita e estudantes de escolas públicas com renda familiar superior a um salário mínimo e meio per capita. Em ambos os casos, foi levado em conta um percentual mínimo correspondente à soma de pretos, pardos e indígenas no estado da instituição, de acordo com o último Censo Demográfico do Instituto Brasileiro de Geografia e Estatística (IBGE). No caso da reserva de vagas para

---

[1] Este número correspondia ao total de universidades e institutos federais existentes no ano de 2013. Após esse ano, novas instituições federais de ensino superior foram criadas e, automaticamente, submetidas à Lei 12.711 de 2012.

estudantes pretos, pardos e indígenas, a exigência de comprovação estabelecida à época foi a autodeclaração, tal como estabelecida pelos processos de levantamento censitário do IBGE. Cabe destacar, no entanto, que no âmbito das pesquisas censitárias e demográficas realizadas pelo IBGE não é incomum a utilização de técnicas classificatórias baseadas na heteroidentificação racial.[2]

Embora só tenha aderido à Política de Cotas no ano de 2013, por força da lei federal, desde o ano de 2009 a UFMG já implementava uma política que exigia a autodeclaração racial para o acesso à Política de Bônus. Tal política consistia em um bônus adicional de 10% na nota das provas dos candidatos que haviam cursado os sete últimos anos da Educação Básica em escolas públicas e mais 5% para aqueles que, na mesma condição, se autodeclarassem negros (pretos e pardos). Como sinalizei em um artigo de opinião, publicado no Boletim UFMG do dia 29 de fevereiro de 2016, "A UFMG, no entanto, resistiu fortemente a adotar políticas de reservas de vagas". Como se pode observar na leitura de matéria publicada no mesmo Boletim, em 26 de maio de 2008,

---

[2] Segundo Petruccelli (PETRUCCELLI; SABOIA, 2013, p. 36), "a partir da fundamentação de diversos pesquisadores e especialistas na área de relações raciais no Brasil, foi incluído na PCERP (Pesquisa das Características Étnico-raciais da População Brasileira) de 2008 um quesito no qual o entrevistador procede à classificação do entrevistado segundo cor ou raça de forma aberta, em um processo de heteroatribuição étnico-racial da pessoa entrevistada. Enquanto alguns estudos apontam para discrepâncias entre ambas as formas de classificação – o que leva a resultados divergentes na análise das desigualdades raciais associadas a renda, escolaridade, habitação etc. – outras análises apontam para um razoável grau de concordância entre elas. As respostas desse quesito, na realidade, apenas contribuem com mais um elemento de aferição da percepção de cor ou raça do entrevistado com o mesmo grau de subjetividade de qualquer dos outros quesitos".

a adoção do bônus na UFMG foi uma opção às políticas de cotas sociais ou raciais.[3]

Embora a UFMG já exigisse há oito anos que os(as) candidatos(as) firmassem uma autodeclaração racial para a concorrência a uma das vagas reservadas a estudantes pretos, pardos e indígenas, nunca antes se observou, tal como no ano letivo de 2017, um número tão expressivo de denúncias de fraudes nas autodeclarações raciais.[4] Penso que tal movimento é resultado, mesmo que indireto, da efetividade da política de reservas de vagas, já que o crescimento expressivo de jovens autodeclarados negros, associado à formação de um número expressivo de grupos e coletivos de estudantes negros no interior da universidade, tem possibilitado a articulação de estudantes, bem como a apresentação de denúncias formais à gestão da universidade.

---

[3] Tal posicionamento fica evidente na declaração do então reitor da UFMG, Ronaldo Pena (2006-2010): "O bônus depende da nota que o aluno da escola pública tira, o que valoriza o mérito do estudante que se aproxima da aprovação. O bônus vai equilibrar as condições de competição entre alunos de escolas públicas e privadas, sem prejudicar os estudantes de instituições privadas". Disponível em: <http://bit.ly/3uVgMnK>. Acesso em: 27 jul. 2008.

[4] Um dado de pesquisa, fruto da tese de doutorado de Adilson Pereira dos Santos, pode nos ajudar a compreender o acirramento do controle social em torno do ingresso à universidade por meio das Políticas de Cotas, especialmente no curso de Medicina da UFMG. Segundo Santos (2018, p. 126), em um primeiro momento, o que se observou com a adesão da UFMG ao SiSU, associada à implementação gradual da reserva de vagas, foi um acirramento da disputa ao acesso. Antes, o vestibular atraía cerca de 50 mil candidatos, e com o SiSU esse número saltou para quase 190 mil. A combinação dessas duas políticas públicas provocou um efeito peculiar na UFMG, dada a visibilidade nacional da instituição. A demanda em todos os cursos se ampliou significativamente, sendo que no curso de Medicina ela quadriplicou, e em alguns cursos de menor demanda ela saltou de três para trinta candidatos por vagas.

Gráfico 1 – Evolução de estudantes matriculados na UFMG por cor/raça

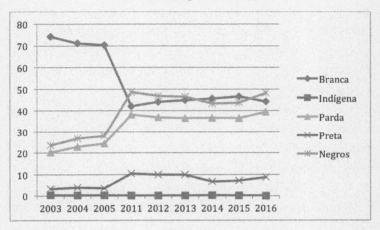

Fonte: BRAGA; PEIXOTO, 2006; elaborado pelo autor.

Os dados apresentados no Gráfico 1 evidenciam uma mudança significativa do perfil racial do corpo discente da UFMG no decorrer da década de 2000. Se no ano de 2003 o percentual de estudantes autodeclarados negros (pretos e pardos) era de 22% e o de autodeclarados brancos era de 75%, em 2016 percebemos que 48% se autodeclaravam como negros e 43% se autodeclaravam como brancos. Embora a taxa de crescimento do grupo de estudantes autodeclarados pretos (167%) se apresente mais elevada do que a taxa observada entre os estudantes autodeclarados pardos (95%), o percentual alcançado pelos pardos ao final da série histórica (39,38%) se aproxima muito do percentual dos estudantes autodeclarados brancos. Embora a analise realizada por Oliveira, Viana e Lima (2019) tenha mostrado que os pardos têm sido os principais beneficiários das políticas de reserva de vagas para estudantes negros no ensino superior brasileiro, na UFMG o que se observa é que o percentual de estudantes autodeclarados pretos em 2016 (8,8%) se aproxima mais do percentual de autodeclarados pretos na população de Minas Gerais (9,2%) do que no caso dos pardos, que na UFMG representavam 39,38% em 2016, sendo que representavam 44,8% na população de Minas Gerais no mesmo período.[5]

Ao mesmo tempo que a mudança percentual impactou na dimensão estética do corpo discente da UFMG, pelo menos no âmbito da graduação, aos poucos esse novo contingente de estudantes passou a impactar diferentes dimensões da vida acadêmica, desde o espaço micro da sala de aula, passando pelos processos coletivos de politização da estética e da identidade racial, provocando deslocamentos também nos espaços de formulação e acompanhamento das políticas universitárias. No caso da UFMG, o fato de as denúncias serem oriundas, majoritariamente, do corpo discente, organizado em grupos e coletivos, parece evidenciar a existência de um senso de incompatibilidade entre o modo como os estudantes candidatos ao ingresso na universidade se veem (autodeclaração) e o modo como os demais estudantes, de modo particular os(as) estudantes negros(as), enxergam esses(as) candidatos(as) (heteroidentificação).

A dupla dimensão da identidade: autodeclaração e heteroidentificação

Nas duas comissões de sindicância das quais participei, os primeiros procedimentos consistiram em um debate coletivo sobre o histórico das Políticas de Ações Afirmativas

---

[5] Disponível em: <http://glo.bo/2NZ3eGY>. Acesso em: 20 maio 2020.

no Brasil. Só após essa conversa entramos na apresentação das denúncias, propriamente ditas.

A análise dos dados cadastrais dos denunciados nos permitiu identificar a situação dos vínculos dos estudantes com o curso e ter acesso às fotos tiradas no momento de registro acadêmico dos calouros. O acesso às fotos nos permitiu colocar em prática a heteroidentificação, a partir do que nomeamos como "carômetro". Durante esse procedimento, cada um dos membros das comissões classificou os denunciados a partir das características fenotípicas[6] evidenciadas nas fotos disponíveis.

As escutas presenciais foram realizadas durante um período de até trinta minutos, ocasião em que os(as) denunciados(as) podiam comparecer sozinhos(as) ou na presença de testemunhas e/ou advogados(as). Embora cada escuta tenha sido diferente das demais, todos(as) os(as) denunciados(as) foram submetidos(as) aos mesmos procedimentos, a saber:

- Inicialmente, o presidente da comissão, ou outro membro da comissão, apresentava o objeto da denúncia e o objetivo da escuta e, posteriormente, abria a possibilidade para que os(as) denunciados(as) apresentassem alguma dúvida.

---

[6] Quando nos referimos ao fenótipo nas discussões sobre relações raciais, estamos nos referindo às características observáveis de um indivíduo, como: cor da pele, tipo de cabelo, estrutura corporal etc. O fenótipo resulta da expressão dos genes do organismo, da influência de fatores ambientais e da possível interação entre os dois. O genótipo, por sua vez, é composto pelas informações hereditárias que uma pessoa herda e que estão contidas em seu genoma. A interação entre genótipo e fenótipo pode ser resumida da seguinte forma: (genótipo + ambiente → fenótipo).

- Em seguida, os(as) membros da comissão apresentavam as cinco perguntas básicas da escuta, feitas a todos(as): 1) Você se considera uma pessoa negra? 2) Como você construiu sua identidade racial? 3) Por que escolheu concorrer ao processo seletivo da UFMG via Ações Afirmativas, na modalidade de cotas? 4) Você pode nos contar algum episódio de discriminação em razão de seu pertencimento racial? 5) Por que imagina que te denunciaram?
- Nos casos em que os(as) denunciados(as) estavam acompanhados(as) de testemunhas, elas foram ouvidas ao final da sessão de perguntas e respostas realizada com os(as) denunciados(as). Em alguns casos as testemunhas foram instruídas pelos advogados e em outros casos se pronunciaram espontaneamente.
- Ao final das escutas, o presidente da comissão explicou, brevemente, os procedimentos burocráticos previstos para a conclusão dos trabalhos. Na ocasião, informou a todos(as) dos procedimentos para acessarem os relatórios que seriam produzidos e disponibilizados ao final do processo.

Durante as escutas presenciais com os(as) denunciados(as), um novo exercício de heteroidentificação foi realizado. Cabe destacar aqui que a avaliação externa das características fenotípicas, realizada por uma banca, não se caracteriza como uma contradição à exigência da autodeclaração para o acesso ao ensino superior, ou ao funcionalismo público via Política de Ações Afirmativas. Assim como definiu o Ministro do Supremo Tribunal Federal à época, Ricardo Lewandowski, relator do processo de Ação de Descumprimento de Preceito Fundamental (ADPF) 186, a utilização de bancas de heteroidentificação constitui procedimento complementar à autodeclaração. Nesse sentido, diz Daniela Ikawa:

> A identificação deve ocorrer primariamente pelo próprio indivíduo, no intuito de evitar identificações externas voltadas à discriminação negativa e de fortalecer o reconhecimento da diferença. Contudo, tendo em vista o grau mediano de mestiçagem (por fenótipo) e as incertezas por ela geradas – há [...] um grau de consistência entre autoidentificação e identificação por terceiros no patamar de 79% –, essa identificação não precisa ser feita exclusivamente pelo próprio indivíduo. Para se coibir possíveis fraudes na identificação no que se refere à obtenção de benefícios e no intuito de delinear o direito à redistribuição da forma mais estreita possível [...], alguns mecanismos adicionais podem ser utilizados como: (1) a elaboração de formulários com múltiplas questões sobre a raça (para se averiguar a coerência da autoclassificação); (2) o requerimento de declarações assinadas; (3) o uso de entrevistas [...]; (4) a exigência de fotos; e (5) a formação de comitês posteriores à autoidentificação pelo candidato. A possibilidade de seleção por comitês é a alternativa mais controversa das apresentadas [...]. Essa classificação pode ser aceita respeitadas as seguintes condições: (a) a classificação pelo comitê deve ser feita posteriormente à autoidentificação do candidato como negro (preto ou pardo), para se coibir a predominância de uma classificação por terceiros; (b) o julgamento deve ser realizado por fenótipo e não por ascendência; (c) o grupo de candidatos a concorrer por vagas separadas deve ser composto por todos os que se tiverem classificado por uma banca também (por foto

ou entrevista) como pardos ou pretos, nas combinações: pardo-pardo, pardo-preto ou preto-preto; (d) o comitê deve ser composto tomando-se em consideração a diversidade de raça, de classe econômica, de orientação sexual e de gênero e deve ter mandatos curtos (IKAWA, 2008, p. 129-130 apud STF, 2012, p. 38-39).

A compreensão expressa por Ikawa e acolhida pelo ministro Lewandowski reconhece que a definição do pertencimento racial dos(as) brasileiros(as) não se dá de modo isolado, baseada apenas na definição "autônoma" dos sujeitos. Trata-se, na realidade, de uma negociação que se dá em diferentes espaços socializadores, e que passa, necessariamente, pela definição que os outros fazem do pertencimento racial de cada um. Deste modo, ao mesmo tempo que reconhece a importância da autodeclaração como princípio basilar do modo como os sujeitos se definem, Lewandowski não desconsidera o importante lugar da classificação externa na definição da identidade dos indivíduos.

Tanto a autoidentificação, quando a heteroidentificação, ou ambos os sistemas de seleção combinados, desde que observem, o tanto quanto possível, os critérios acima explicitados e jamais deixem de respeitar a dignidade pessoal dos candidatos, são, a meu ver, plenamente aceitáveis do ponto de vista constitucional (STF, 2012, p. 39).

Além da constatação dessa dupla dimensão na composição identitária, também não posso ignorar as dimensões específicas aplicáveis ao caso em análise: as autodeclarações raciais no contexto das políticas de reservas de vagas no ensino superior para estudantes pretos, pardos e indígenas.

Na minha compreensão, o destaque que a dimensão socioeconômica ganhou nos debates em torno deste tema durante a década de 2000 e, consequentemente, no desenho da política de reserva de vagas a partir da Lei 12.711 fez com que a dimensão racial – principal elemento mobilizado pelo movimento negro e pelos(as) intelectuais negros(as) desde as primeiras reivindicações por políticas de Ações Afirmativas no ensino superior brasileiro – perdesse sua centralidade. Em meu trabalho final de doutorado em Educação (JESUS, 2011), eu já havia sinalizado tal tendência, ao estudar os discursos públicos em torno das Políticas de Cotas. Percebi que, na medida em que os debates públicos em torno das reservas de vagas no ensino superior brasileiro construíram um "consenso relativo" em torno da incapacidade das escolas públicas brasileiras fornecerem uma educação de qualidade, mostrando-se incapazes de possibilitar a aprovação de seus egressos nos processos seletivos, fortaleceu-se, assim, a aprovação popular em relação às cotas, agora, desracializadas. Deste modo, o reconhecimento do racismo e das desigualdades raciais como limitadores de oportunidades de vida, inclusive no campo educacional, acabou perdendo a centralidade.

Assim, na medida em que o propósito de combater o racismo e as desigualdades raciais foi sendo esvaziado do imaginário social acerca da Política de Cotas, a compreensão de que tais vagas deveriam se dirigir aos indivíduos que, na sociedade brasileira, são alvos do racismo e da discriminação racial também se enfraqueceu. A elaboração, aprovação e implementação de uma Política de Ação Afirmativa híbrida, tendo a dimensão racial como uma subcota, entre outras, pode ser vista como resultado desse processo de negação ou enfraquecimento da dimensão racial. Tal construção ideológica, gestada ao longo dos debates da década de 2000, apesar de contemplar a dimensão racial – como subcota, repito –, se articula, de modo complexo, com os ideais da democracia racial e com as dimensões do racismo à brasileira (Telles, 2003). Neste sentido, é mister nos perguntarmos: na sociedade brasileira, quais são os sujeitos potencialmente expostos ao racismo?

Como nos mostra Oracy Nogueira (1985), em pesquisa realizada ainda na década de 1950, o racismo à brasileira se definiria por um racismo de marca: mais efetivo quanto mais marcadamente negro é o corpo do indivíduo. Já Virgínia Bicudo, em sua dissertação defendida no ano de 1945 junto à Universidade de São Paulo, também havia identificado que a cor da pele, como símbolo mais evidente de pertencimento a grupos raciais, era constantemente alvo de avaliações positivas e negativas, e, por isto mesmo, sempre manipulada.

> Classificando seu universo de depoentes segundo as variáveis "cor" (cor da pele, cabelos e fenótipo dos pais) e "classe social" (renda, grau de instrução e profissão), sua pesquisa revela como, no Brasil, a mobilidade social ascendente de negros e mulatos não elimina as marcas raciais. Ao contrário, ascensão social e consciência racial são diretamente proporcionais. A autora ampara-se em expressivos relatos de negros e mulatos das classes populares e médias. Eles mostram como os negros pobres carregam forte sentimento de inferioridade que os levam a estabelecer relações majoritariamente harmoniosas com os brancos em detrimento dos membros de seu próprio grupo. Os mulatos do mesmo estrato social, em comparação, apresentam maior consciência de cor, pois evitam constantemente ser identificados

como negros. Já os negros de camadas intermediárias constituem o alvo mais visível do preconceito de cor. Por conseguinte, manifestam constante ressentimento que os torna descrentes quanto ao estabelecimento de laços solidários com os brancos. Mas é na análise dos testemunhos de mulatos com maior poder aquisitivo que percebemos com mais clareza a lógica do preconceito de marca: conscientes de que a aceitação social pelos brancos decorre da atenuação de suas origens africanas, eles evitam quaisquer identificações com negros e mulatos, buscando adquirir símbolos e valores do grupo dominante e aderindo a um ideal de "boa aparência" que ilustra como a aceitação social desse grupo pelos brancos envolve um constante esforço de "branqueamento" (GAHYVA, 2011, p. 298).

Neste sentido, esse racismo de marca incidiria, mais diretamente, sobre os corpos dos sujeitos, e não necessariamente (ou apenas) em sua ancestralidade, o que implica dizer que um sujeito fenotipicamente branco, ainda que com ancestrais negros (pai ou mãe, avós etc.) teria uma chance bastante reduzida de sofrer racismo. Este, aliás, parece ser o entendimento do ministro Ricardo Lewandowski, ao incluir a compreensão de Daniela Ikawa em seu parecer: "[...] o julgamento deve ser realizado por fenótipo e não por ascendência". Este aspecto, referente à discriminação por marca, ficou bastante evidente nos depoimentos dos(as) denunciados(as) quando estes foram convidados(as) a descrever alguma situação de discriminação que haviam vivido em razão de sua cor ou de seu pertencimento racial. A grande maioria dos ouvidos foi enfática ao afirmar que nunca havia vivido uma situação assim. Algumas denunciadas afirmaram já haver passado por algum constrangimento em razão do cabelo não liso e outros mencionaram situações vivenciadas por seus antepassados (pais, mães, tios, tias, avós ou bisávos). O reconhecimento de não haver vivenciado uma situação de discriminação racial não significa afirmar, no entanto, que tal sujeito não estaria submetido a outros tipos de discriminações ou situações de desigualdade, além de privações sociais, em razão do racismo sofrido por seus antepassados. Todavia, reconhecer-se descendente de pessoas negras, sobretudo quando o fenótipo é lido socialmente como não negro, não parece expor os indivíduos a situações de discriminações raciais.

É preciso enfatizar ainda que o esvaziamento progressivo da dimensão racial do imaginário coletivo sobre políticas afirmativas implementadas no Brasil se soma à força do imaginário social assentado na Ideologia do Branqueamento e no Mito da Democracia Racial. De acordo com Kabengele Munanga (2004), a Ideologia do Branqueamento consistiu, e ainda consiste, no reiterado desejo de produzir a sociedade brasileira como uma nação branca, eufemisticamente pensada como uma nação não racial, mestiça, portanto.

Se hoje podemos afirmar que, no âmbito do Estado, as ações políticas orientadas pela busca do branqueamento por meios físicos (através da miscigenação com fins de aprimoramento racial ou através de políticas de imigração europeia) não desfrutariam da mesma legitimidade que desfrutaram nos anos finais do século XIX e do início do século XX, não podemos afirmar que os ideais de sucesso, beleza e honestidade, enfim, de humanidade associados ao branco deixaram de se fazer presente entre nós. Neste sentido, o branco no Brasil não é apenas um grupo racial, igualmente identificado por suas características fenotípicas. O branco persiste como um ideal idealizado; e, como tal, a branquitude não pode ser alcançada por todos, o que acaba produzindo a imagem, muito presente no imaginário coletivo, de que uma pessoa sem cabelos lisos e sem olhos claros, ainda que com fenótipo branco, não pode ser considerada branca. Este, aliás, foi um dos argumentos mais mobilizados por denunciados(as) identificados(as) pelos membros da comissão como tendo um fenótipo branco: ao mesmo tempo que mobilizavam as imagens de seus antepassados negros como modo de se identificarem como pardos, reafirmavam a ideia de que não poderiam se dizer brancos, já que não possuíam as características habitualmente associadas aos brancos idealizados: cabelos lisos e loiros, olhos claros etc. Tal argumento, além de mostrar a força do imaginário social que mantém o branco em um lugar idealizado e hierarquicamente inalcançável, reforça o papel do Mito da Democracia Racial como elemento de coesão nacional.

O Mito, no sentido utilizado neste texto, não se refere à uma realidade falseada, mas sim à narrativa sobre uma determinada realidade. O Mito da Democracia Racial, erigido no Brasil no início do período de industrialização (década de 1930), aos poucos se vinculou aos interesses de garantir as bases de coesão nacional, favorecendo aquilo que Gilberto Freyre (1933) chamou de "equilíbrio de antagonismos", se arraigando como um discurso nacional. Nesse sistema, que contribuía para equilibrar os conflitos, o mestiço passava a desempenhar um papel estratégico, já que, sendo a síntese das diferenças, pode existir sem ser nenhum de seus pontos de origem. O mestiço, nesse sentido, não é, necessariamente, uma realidade concreta, produto de ancestrais racialmente distintos. Assim, o mestiço se torna a expressão do projeto nacional moderno: uma nação racialmente indiferenciada!

A ambiguidade das relações étnico-raciais no Brasil, todavia, se expressa na afirmação de uma sociedade racialmente indiferenciada, mas que, de modo ambíguo, mantém o branco como ideal que não se pode, mas que, de modo inconfessável, se deseja alcançar.

> E podemos afirmar também que a mestiçagem, ao produzir um sujeito desracializado, livre dos determinantes da raça, e potencializado pela leitura cultural freyreana, produziu um sujeito correspondente ao ideal moderno universal, "dotado de razão e de suas propriedades universais e idênticas em todos os indivíduos" (LIMA, 2002, p. 60). A mestiçagem produziu, além de um sujeito universal, também uma subjetividade universal, coletiva, capaz de ordenar e suplantar as individualidades diferenciadas em um ideal social (coletivo). [...] Afinal, a lente da mestiçagem sugere que a mistura teria sido homogeneizadora, e assim teria tornado todos em brasileiros, isto é, em iguais. Assim, o conceito de raça perde terreno para o conceito de cultura. Os argumentos sobre as diferenças, a partir da produção da tese de Freyre, se relacionam a diversidade cultural. A figura do mestiço, sujeito universal, passa a coincidir com a imagem de humano universal, cujo status é de igualdade perante a humanidade (SOUZA, 2018, p. 31).

Tal imaginário tem impacto direto na situação que estamos analisando; possíveis fraudes em autodeclarações raciais, já que a reiterada associação do pardo com o mestiço acaba retirando o pardo do grupo racial negro e colocando-o em uma condição de não-lugar racial, na medida em que esse pardo, visto como mestiço, não se vê nem como negro nem como branco. "Não me sinto branca. Tenho consciência de que não sou negra nem branca. Minha pele é parda. Tenho cabelo preto e liso, mais tenho traços negroides."[7] Este tipo de afirmação, muito presente no imaginário coletivo, no entanto, conflita com os modos pelos quais pesquisadores vinculados ao IBGE, assim como publicações do próprio Instituto (PETRUCCELLI, SABOIA, 2013; TEIXEIRA, 1999) tem compreendido as categorias pretos e pardos, como parte constituinte da população negra. Conflita também com o entendimento presente em vários textos que orientam as políticas públicas de Ações Afirmativas, que designa os beneficiários das políticas de cotas raciais como sendo os cidadãos negros, soma dos cidadãos pretos com os cidadãos pardos.[8] O parágrafo inicial do relatório ADC 41, destinado a apresentar o objeto da Ação, e elaborado pelo ministro do STF Luís Barroso, é explicito no sentido dessa compreensão:

> Trata-se de ação declaratória de constitucionalidade, com pedido de medida cautelar, tendo por objeto a Lei 12.990, de 9 de junho de 2014, que reserva a cidadãos negros 20% das vagas de concursos públicos para provimento de cargos efetivos e empregos públicos na administração pública federal e em autarquias, fundações públicas, empresas públicas e sociedades de economia mista controladas pela União (MPF, 2016, p. 2).

---

[7] Declaração feita por uma estudante da UFRGS, convocada para se apresentar diante de uma comissão responsável por investigar suspeitas de fraudes no ingresso por cotas, disponível em: <http://bit.ly/2Okmlv1>. Acesso em: 4 set. 2020.

[8] A exceção parece residir justamente no texto da Lei n.º 12.711 que não deixa explícito que as políticas são dirigidas à população negra, deixando apenas subtendido ao reservar as vagas para pretos e pardos, além dos indígenas.

Na perspectiva apresentada pelo ministro Roberto Barroso, portanto, os pardos não figuram apenas como o resultado desracializado da mistura entre negros(as) e brancos(as), mas são, justamente, como parte da população negra: os negros de pele clara, filhos de casamentos intrarraciais ou inter-raciais. A definição inequívoca, presente nas letras da reserva de vagas em concursos públicos, por exemplo, que considera negros os pretos e os pardos, se choca com um imaginário ambíguo, que, ao mesmo tempo que define o pardo como o resultado da mistura, argumenta que "todos somos resultados da mistura". A pergunta que fica é: se somos todos resultado da mistura e, portanto, iguais, todos temos o direito de reivindicar políticas diferencialistas, como a reserva de vagas em universidades públicas ou concursos públicos? Entretanto, se "somos todos iguais" não precisaríamos, e nem poderíamos reivindicar, políticas específicas. Contraditoriamente, ao mesmo tempo que ostentam um argumento igualitarista de que somos todos iguais, os pardos desracializados acabam por deslegitimar uma política diferencialista como a reserva de vagas para a população negra.

Mas, afinal, quem quer (pode) ser negro no Brasil?

Nilma Lino Gomes, em seu último livro, O movimento negro educador, destaca a permanente contribuição do Movimento Negro brasileiro à educação e reeducação da sociedade brasileira sobre relações raciais. Se observarmos os últimos quinze anos de debate público em torno das políticas de reservas de vagas para a população negra em universidades, poderemos perceber que, de fato, a demanda política apresentada à sociedade brasileira pelo Movimento Negro fez emergir uma série de perguntas antes mantidas, pedagogicamente, no silêncio, tais como: O Brasil é um país mestiço ou multirracial? Quem é negro e quem é branco no Brasil? Como se estruturam as desigualdades no Brasil? Como combater tais desigualdades? As respostas a tais perguntas foram produzidas e amplamente debatidas no âmbito das universidades brasileiras, mas também ganharam as ruas, os lares e as escolas: Afinal, quem quer (pode) ser negro no Brasil?. Esta é a pergunta que emerge com força renovada no contexto das políticas de cotas para a população negra no Brasil.

No final da década de 1980, às vésperas do Censo Demográfico a ser realizado em 1990, o Movimento Social Negro elaborou uma campanha intitulada "Não deixe sua cor passar em branco", cujo objetivo era politizar as identidades, sobretudo daqueles que, em função de seu lugar social de mestiços, tendiam a se identificar como brancos e não como negros. Tratava-se, a um só tempo, de "disputar" os pardos como parte da população negra e, ao mesmo tempo, enfatizar a importância de uma racialização das identidades.

> O Censo Geral de 1980 realizado no Brasil demonstrou que somente 5,8% da população declarou-se preta, isto contra 38,6% do total de brasileiros que declararam-se pardos. Dentre as causas verificadas para este fenômeno está com certeza a "ideologia do embranquecimento", implementada pelos mecanismos sociais, políticos, religiosos e econômicos do país, que propagam o racismo como instrumento de dominação, fazendo crer, através das mídias de massa, que o preto, ou as pessoas de origem africana, deve buscar a identidade, ou a ascendência próxima ao branco, como forma de expressar sua existência e dimensão humana na nossa tão desgraçada e empobrecida sociedade. [...] Com o objetivo de interferir

e de alterar este quadro, organizações civis (IBASE, IPCN, APN, ISER, Núcleo da Cor/IFCS, CEAP, CEAA, IPDH, CERNE[9] e Jornal Maioria Falante, com o apoio da Fundação Ford) vêm se reunindo desde Janeiro e desenvolveram a Campanha do Censo 90 "NÃO DEIXE A SUA COR PASSAR EM BRANCO – USE O BOM C/SENSO", com lançamento nacional no dia 30 de julho, tendo continuidade durante os meses de realização do Censo Geral de 1990.[10]

A politização da cor e do pertencimento racial, expressa na referida campanha, há muito tempo tem sido uma bandeira de luta do Movimento Negro e das entidades negras em todo o Brasil. Longe de resgatar um sentido biológico da noção de raça, esta e outras iniciativas explicitam a disputa política em torno da cor, em torno da raça negra. Tornar-se negro, portanto, significava "reconhecer a força de nossa gente que, mesmo sob chicote, fez-nos permanecer e continuar esta luta. Desde as escolas, onde somos poucos; até os presídios, onde somos muitos. Todos, terrivelmente massacrados" (Raimunda Nina *apud* ALBERTI; PEREIRA, 2007, p. 72).

No contexto das políticas de cotas e da profusão de denúncias em torno de fraudes em autodeclarações raciais,

---

[9] IBASE – Instituto Brasileiro de Análises Sociais e Econômicas; IPCN – Instituto de Pesquisa das Culturas Negras; APN – Centro de Cultura e Estudos Étnicos Anajô; ISER – Instituto de Estudos da Religião; IFCS – Instituto de Filosofia e Ciências Sociais da Universidade Federal do Rio de Janeiro; CEAP – Centro de Articulação de Populações Marginalizadas; CEAA – Centro de Estudos Afro-ásiáticos; IPDH – Instituto Palmares de Direitos Humanos; CERNE – Centro de Referência da Cultura Negra.

[10] Trecho de matéria publicada no jornal *Maioria Falante*, ano 4, n. 19, jun.- jul. 1990. Disponível em: <https://bit.ly/2OngTHE>. Acesso em: 9 jul. 2020.

o desafio de racializar a identidade negra se recoloca, e, com isso, novas exigências se apresentam. Penso, portanto, que em um contexto de políticas de cotas a autodeclaração deveria se manter como princípio basilar sobre o qual poderiam (e deveriam) ser acrescentados outros mecanismos, instituídos com o objetivo de aumentar os custos de autodeclarações falsas, como bem consignaram os ministros do STF Ricardo Lewandowski e Roberto Barroso. Tal posição também se vincula a meu alinhamento, teórico e político, na defesa histórica feita pelo Movimento Negro em torno da autodeclaração racial como importante agência da população negra contra o arbítrio branco que, definindo o homem negro a partir de sua própria referência, o coloca inevitavelmente como ser degenerado e/ou inferior: "[...] queira ou não queira, o negro deve vestir-se a librè que o branco lhe impôs" (FANON, 2008, p. 46).

Penso, portanto, que a autodeclaração dos candidatos e candidatas a processos seletivos no contexto universitário poderia vir acompanhada da exigência da elaboração de um documento que, na UFMG, temos chamado de Carta Consubstanciada, na qual o candidato apresentaria os elementos que o fazem se identificar como pessoa negra (preta ou parda). Poderia ainda ser acompanhada da criação de uma comissão complementar à autodeclaração que, baseando-se no fenótipo dos candidatos, colocaria em prática a heteroclassificação racial. Neste caso em específico, a criação das comissões não estaria orientada pela busca da objetividade, mas na construção de um consenso subjetivo em torno da identidade racial dos candidatos. Este princípio, aliás, é o mesmo que vigora nos momentos de composições de júris populares ou de juris técnicos, compostos por julgadores comprometidos com a garantia da justiça.

Em síntese, no contexto das Políticas de Ações Afirmativas na modalidade de cotas, sugiro a adoção de quatro procedimentos, que podem ser utilizados de modo independente, mas preferencialmente de modo articulado:

1 – Explicitação, nos editais e outros materiais de divulgação do concurso, de que as vagas reservadas para pretos e pardos são destinadas a negros e negras, deixando evidente, portanto, que não é possível concorrer às vagas destinadas a pardos e a pretos sem se reconhecer, e ser reconhecido, como pessoa negra.

2 – Disponibilização e divulgação de documento próprio em que o candidato possa assinalar, entre as categorias raciais utilizadas pelo IBGE, em qual categoria se reconhece.

3 – Disponibilização de Carta Consubstanciada em que os(as) candidatos(as) possam registrar, de próprio punho, os elementos que eles mobilizam para se autorreconhecer como negros(as).

4 – Instituir comissão complementar à autodeclaração para, baseando-se no fenótipo perceptível dos candidatos, colocar em prática a heteroidentificação racial.

Cabe encerrar este capítulo dizendo que as reflexões apresentadas anteriormente não têm a intenção de propor modelos fixos ou universais a serem aplicados em todo tempo e lugar. Como afirmei logo no início deste texto, tais reflexões são resultado não apenas do contexto histórico vivido pela UFMG nos últimos anos, mas também de minhas experiências profissionais nos lugares que tenho ocupado. A presença e o envolvimento crescente de outros pesquisadores das relações étnico-raciais com este campo emergente certamente nos proporcionará acesso a mais e melhores reflexões.

Capítulo 2

Um procedimento de heteroidentificação com a cara da UFMG

Durante os anos de 2016, 2017 e 2018, atuando como Pró-Reitor Adjunto de Assuntos Estudantis da UFMG, tive a oportunidade de dialogar com diferentes setores da universidade com o propósito de consolidar as políticas, à época ainda isoladas, de Ações Afirmativas e viabilizar a construção de uma política institucional de inclusão e Ações Afirmativas na universidade. O convite recebido para presidir a Comissão Permanente de Ações Afirmativas e Inclusão da UFMG, proposta que eu mesmo ajudei a elaborar e apresentar à reitora da universidade, me possibilitou colocar em prática boa parte dos procedimentos que havia indicado como fundamentais no artigo publicado em 2018 e reproduzido no capítulo anterior.

A autodeclaração é necessária, porém não suficiente!

A partir do primeiro semestre do ano de 2018, com a exigência de que todos(as) os(as) candidatos(as) a uma das vagas nos cursos de graduação da UFMG que se autodeclarassem negros(as) (pretos ou pardos) ou indígenas apresentassem, uma Carta Consubstanciada, em formulário próprio, com os motivos que justificavam sua autodeclaração e seu pertencimento étnico, passou a vigorar aquilo que o ministro Ricardo Lewandowski, em seu parecer da ADPF 186, chamou de "presunção relativa de veracidade". Embora inédita no processo seletivo de graduação, a exigência de elaboração de Carta Consubstanciada já havia sido adotada no ano de 2017 para estudantes que se autodeclarassem negros(as) (pretos ou pardos) ou indígenas e estivessem concorrendo a uma vaga na modalidade de Ações Afirmativas em um dos programas de pós-graduação da UFMG. Falarei com mais detalhes das cartas consubstanciadas e das justificativas apresentadas pelos estudantes no primeiro semestre de 2019 no próximo capítulo.

Além da exigência de apresentação das cartas consubstanciadas, no primeiro semestre de 2019, a UFMG incorporou ao processo de seleção de estudantes cotistas uma outra novidade. Embora implementada no ano de 2019, a adoção de comissões complementares à autodeclaração racial e étnica começou a ser concebida ainda nos anos de 2017 e 2018, a partir de uma conjunção de fatores: a) as denúncias de fraudes que se multiplicaram no âmbito da universidade nos anos de 2017 e 2018; b) a participação de alguns servidores em seminários nacionais discutindo as políticas de cotas para a população negra; e c) os diálogos interinstitucionais travados, sobretudo, com a Universidade Federal de Ouro Preto ao longo desse período.

Além dos fatores acima mencionados, as experiências vivenciadas por mim na condução das duas comissões de sindicância instaladas para apurar as denúncias de fraudes em cotas apresentadas à UFMG, mencionadas anteriormente, nos conduziram à percepção de que deveríamos nos antecipar às denúncias e colocar em prática um projeto capaz de, a um só tempo, corrigir o fluxo de ingresso e favorecer o ingresso do público-alvo da política, além de facilitar o acompanhamento do processo de inserção e permanência de estudantes cotistas ao longo da graduação.

Como já mencionado, a criação da Comissão Permanente de Ações Afirmativas e Inclusão da UFMG, por meio de uma portaria da reitora Sandra Goulart Almeida, foi o que nos permitiu colocar em prática o referido projeto.

> O papel dessa comissão é muito relevante. A ela caberá a responsabilidade de articular um conjunto de medidas e estratégias nos campos do ensino, da cultura e da gestão das pessoas na Universidade. Essa comissão vai apresentar proposta de uma política de ações afirmativas e inclusão social da UFMG, uma política mais orgânica capaz de contemplar as especificidades de nossa instituição (COMISSÃO..., 2018).

Embora as atividades atribuídas à Comissão Permanente de Ações Afirmativas e Inclusão da UFMG não se restringissem ao planejamento e à execução de processos de heteroidentificação racial, fui incumbido, na condição de presidente da comissão, de planejar, organizar e executar os trabalhos da Comissão Complementar à Autodeclaração para candidatos autodeclarados negros e indígenas, ingressantes na UFMG via SiSU, no início do ano de 2019.

Antes de iniciar os trabalhos coletivos da Comissão Complementar à Autodeclaração, nos dedicamos a inserir informações sobre os procedimentos no Edital Complementar ao Edital do Processo Seletivo para acesso aos cursos presenciais de graduação da UFMG.[11] No capítulo referente às modalidades de reservas de vagas, inserimos informações

---

[11] Este processo de trabalho contou com a participação fundamental da Diretora de Ações Afirmativas da Pró-reitoria de Assuntos Estudantis, Daniely Roberta dos Reis Fleury.

sobre o público-alvo da política, bem como sobre os critérios a serem avaliados pela comissão.

> 3 – Das modalidades de reservas de vagas:
> c) Condição de cor/raça – Candidatos que se **autodeclararem negros (pretos ou pardos) ou indígenas.** No caso de candidatos que se autodeclararem negros (pretos ou pardos), esta condição **poderá ser confirmada por procedimento de heteroidentificação**, realizado por comissão designada pela reitoria da UFMG para tal fim, por meio da qual serão avaliados os caracteres fenotípicos dos candidatos para aferição da condição racial declarada.
> [...]
> 3.6 – O candidato que optar por concorrer em modalidade de vaga reservada para os cursos de graduação da UFMG em 2019 deverá estar ciente dos seguintes procedimentos:
> a) A UFMG **poderá instaurar, a qualquer momento, comissão de heteroidentificação responsável por confirmar a condição do aluno que optou por ingressar na UFMG na modalidade de vaga reservada para negros (pretos ou pardos).** Além de observação de fenótipo, mecanismos adicionais poderão ser utilizados, tais como: entrevistas; aplicação de questionários com múltiplas questões sobre cor/raça (UFMG, 2019, p. 5-6).

Nossa opção por introduzir, de modo condicional, a realização do procedimento de heteroidentificação racial se deveu ao fato de que, no momento de elaboração do edital, seis meses antes do registro acadêmico dos novos estudantes, ainda não reuníamos todas as condições para a realização do primeiro procedimento de heteroidentificação da UFMG no âmbito da graduação. Embora já tivéssemos realizado uma experiência recente no âmbito do concurso público para recrutamento de servidores técnico-administrativos, o número de candidatos no processo seletivo discente era muito maior, o que implicava em maiores investimentos em logística, pessoal e planejamento do processo. No mesmo edital, no Capítulo 6, foram detalhados os procedimentos referentes ao recurso, disponível para aqueles candidatos que, porventura, tivessem sua matrícula indeferida no primeiro encontro com a comissão.

> 6.12.1 – O candidato a vaga reservada, que não tiver registro acadêmico e matrícula confirmados, terá o prazo de 5 (cinco) dias, contados a partir da divulgação da relação dos candidatos que tiveram registro acadêmico e matrícula não confirmados, para protocolizar recurso. 6.12.2. O candidato poderá, se maior de 18 anos, ou seu representante legal, protocolizar diretamente no DRCA/UFMG recurso, quando for o caso, de acordo com as seguintes orientações:
> a) requerimento individual feito pelo próprio candidato ou seu representante legal, apresentado em letra de forma ou digitado, instruído e fundamentado com argumentação lógica;
> b) com identificação do candidato, devidamente datado e assinado (UFMG, 2019, p. 16-17).

Embora o tema deste livro seja o certame de 2019, é importante mencionar as modificações realizadas no edital do SiSU 2020, incluindo o detalhamento dos procedimentos de heteroidentificação e dos critérios adotados pela Comissão Complementar à Autodeclaração.

7. DO PROCEDIMENTO DE HETEROIDENTIFICAÇÃO COMPLEMENTAR À AUTODECLARAÇÃO

7.1. O procedimento de heteroidentificação complementar à autodeclaração será realizado pela Comissão Complementar à Autodeclaração designada pela Reitora para tal fim e composta por membros da comunidade acadêmica.

7.1.1. A Comissão Complementar à Autodeclaração será composta por 5 (cinco) membros, escolhidos entre aqueles designados pela Reitora da UFMG, com prévia experiência na temática da promoção da igualdade racial e do enfrentamento ao racismo.

7.2. Para confirmação da condição racial declarada, a Comissão Complementar à Autodeclaração considerará como critério o fenótipo do candidato, isto é, o conjunto de características físicas visíveis que o fazem ser identificado socialmente como pessoa negra (preta ou parda), não sendo considerada a sua ascendência ou a sua autopercepção.

7.3. O procedimento de heteroidentificação complementar à autodeclaração será realizado obrigatoriamente com a presença do candidato que **deverá comparecer pessoalmente** no dia designado para confirmação da condição racial declarada, não podendo se fazer representar por procuração, correspondência ou qualquer meio digital. Os candidatos menores de 18 (dezoito) anos devem comparecer ao procedimento assistidos por seu representante legal.

7.3.1 O candidatos menor de 18 (dezoito) anos que não comparecer ao procedimento elencado no item 7.3 acompanhado por seu representante legal, terá seu registro acadêmico indeferido e poderá interpor recurso nos termos do item 8.13.

7.4. O fato de o candidato já ter ingressado anteriormente na UFMG, ou em outra instituição de ensino superior, ou mesmo em órgão público por meio do sistema de cotas para negros não gera, no presente certame, qualquer direito ou expectativa de direito de assim ser considerado, sendo obrigatória a submissão à avaliação da Comissão Complementar à Autodeclaração.

7.5 Durante o procedimento de heteroidentificação complementar à autodeclaração, o candidato confirmará, em documento próprio, sua autodeclaração como pessoa negra (preta ou parda) perante à comissão.

7.6. Será considerado apto à vaga nas modalidades reservadas às pessoas negras (pretas ou pardas) o candidato que obtiver a maioria de confirmações dadas pelos membros da Comissão Complementar à Autodeclaração. As não confirmações serão justificadas, com base nos critérios de avaliação utilizados pela Comissão.

7.7. A confirmação da autodeclaração pela Comissão Complementar à Autodeclaração é condição obrigatória para efetivação do registro.

7.8. O candidato que optou por concorrer a uma vaga na modalidade reservada à pessoa negra (preta ou parda) e que não comparecer perante à Comissão no dia, horário e local estabelecidos ou que, sendo menor de 18 anos, não estiver assistido pelo seu representante legal, ou que recusar a se submeter à confirmação da autodeclaração pela Comissão ou ainda que não tiver confirmada a condição racial de pessoa negra (preta ou parda) pela maioria dos membros da Comissão Complementar à Autodeclaração, terá seu registro acadêmico indeferido, perdendo o direito à vaga no curso para o qual foi classificado, independentemente de alegação de boa-fé.

7.9. O candidato ou seu representante legal, quando for o caso, poderá interpor recurso ao resultado da Comissão Complementar à Autodeclaração, diretamente no DRCA/UFMG, conforme especificado no item 8.13 deste Edital.

Figura 1 – Procedimentos de heteroidentificação complementar à autodeclaração mencionados no Edital SiSU 2020.

Fonte: Edital SiSU 2020 (UFMG, 2020, p. 16-17).

Após a conclusão da fase inicial, que incluiu o aprofundamento teórico sobre heteroidentificação racial, elaboração e revisão do edital UFMG/SiSU e elaboração de materiais educativos sobre Ações Afirmativas, autodeclaração e heteroidentificação, começamos a etapa de constituição da Comissão Complementar à Autodeclaração que iria atuar nos procedimentos de heteroidentificação.

Inicialmente, todos os doze membros da Comissão Permanente de Ações Afirmativas e Inclusão da UFMG foram convidados a fazer parte da Comissão Complementar à Autodeclaração e, em seguida, outros membros da comunidade acadêmica, identificados com o campo das relações raciais e dos direitos humanos, foram convidados a se juntar à comissão responsável por executar os procedimentos de heteroidentificação. Neste ponto, é preciso enfatizar que encontrar, no seio da comunidade acadêmica, membros com experiência e envolvimento com a temática das relações étnico-raciais não foi tarefa simples. Se considerarmos a necessidade de conjugar disposição para contribuir e disponibilidade para participar de uma atividade com alto grau de complexidade e importância, a tarefa se torna ainda mais difícil. Penso que tal dificuldade tem relação não apenas com o número reduzido de pessoas negras no corpo técnico-administrativo e docente das instituições superiores – o que evidencia a atualidade do racismo estrutural (ALMEIDA, 2008) –, mas também com a desqualificação que temas como relações raciais e direitos humanos sofrem, no âmbito universitário, ao serem nomeados como subjetivos ou políticos e, portanto, não acadêmicos e científicos (KILOMBA, 2019).

Após enviarmos os convites para integrar a comissão, começamos a receber os retornos. Algumas pessoas sinalizavam interesse e disponibilidade, outras, interesse e indisponibilidade, e algumas outras sinalizavam ausência de interesse e de disponibilidade.

Durante todo o processo de organização dos procedimentos de heteroidentificação, procuramos nos guiar por orientações oficiais do Estado brasileiro, produzidas tanto pelo Poder Executivo quanto pelo Poder Judiciário. Uma das orientações que levamos em consideração foi a Orientação Normativa n.º 4/2018 do Ministério do Planejamento que, embora não se referisse aos processos seletivos de ingresso de estudantes em universidades públicas, "regulamentava o procedimento de heteroidentificação complementar à autodeclaração dos candidatos negros, para fins de preenchimento das vagas reservadas nos concursos públicos federais, nos termos da Lei n.º 12.990, de 9 de junho de 2014", tornando-se, assim, um importante parâmetro para nosso trabalho. Tomando por base a Orientação Normativa, definimos que a participação dos membros convidados nos procedimentos de heteroidentificação seria precedida da participação efetiva em uma oficina sobre a temática da promoção da igualdade racial e do enfrentamento ao racismo. Nossa definição de que a participação nos procedimentos estava condicionada à participação na oficina se deveu à percepção de que a aproximação prévia com o tema das relações étnico-raciais, de gênero, sexualidade ou direitos humanos não era garantia da compreensão acerca da complexidade envolvida no processo de heteroidentificação racial. Por isso, uma semana antes da realização da oficina formativa, encaminhamos para todos(as) aqueles(as) que sinalizaram interesse e disponibilidade em participar da oficina dois textos formativos.[12]

---

[12] Os textos eram: NASCIMENTO, Mirella. Gente branca: o que os brancos de um país racista podem fazer pela igualdade além de não

A oficina formativa aconteceu no dia 12 de fevereiro de 2019 e foi conduzida pela Diretora de Ações Afirmativas da Pró-Reitoria de Assuntos Estudantis, Daniely Roberta dos Reis Fleury, e por mim, Rodrigo Ednilson de Jesus. Durante as cinco horas de trabalho, abordamos os seguintes aspectos:

Quadro 1 – Temas abordados na oficina formativa

1 – Racismo Intersubjetivo e Racismo Estrutural no Brasil;

2 – Meritocracia e desigualdade sociorracial;

3 – Teoria do Branqueamento e Mito da Democracia Racial;

4 – Identidades raciais no contexto Pós-cotas:

 Ø O pardo como problema sociológico;

 Ø Quem quer (pode) se autodeclarar negro no Brasil?

 Ø A dupla dimensão da identidade: autorreconhecimento e alteridentificação.

5 – Princípios jurídicos norteadores do procedimento de heteroidentificação;

6 – Normas e jurisprudências orientadoras;

7 – Procedimento de heteroidentificação em edital: prescrição normativa *x* discricionariedades;

8 – Comissão de heteroidentificação:

 Ø Princípios jurídicos aplicáveis à atuação da Comissão de Heteroidentificação;

 Ø Critérios para composição;

 Ø Aspectos jurídicos e sociais a serem observados.

Fonte: Elaboração própria.

---

serem racistas?. *Tab Uol*, Disponível em: <https://bit.ly/3bdpxSi>. Acesso em: 2 mar. 2021; JESUS, Rodrigo Ednilson de. Autodeclaração e heteroidentificação racial no contexto das políticas de cotas: quem quer (pode) ser negro no Brasil? In: SANTOS; COLEN; JESUS (Orgs.). *Duas décadas de políticas afirmativas na UFMG: debates, implementação e acompanhamento*. (Coleção Estudos Afirmativos, v. 9). Rio de Janeiro: LPP/UERJ, 2018.

A oficina formativa foi bastante participativa e muito bem avaliada pelos presentes. Um dos aspectos que mereceu destaque e tomou parte de nosso tempo coletivo foi o debate em torno de nossa capacidade cotidiana de identificar racialmente os outros e a nós mesmos, já que vivemos em uma sociedade racializada. Ao longo da oficina, chegamos à conclusão de que o uso cotidiano de palavras como pretinha, neguinha, nega, branquinha, de modo afetivo ou não, em contextos familiares e em contextos mais amplos, só são possíveis face à racialização de nossas relações, o que permite utilizarmos adequadamente tais substantivos, de acordo com o grau de melanina no corpo dos indivíduos. Enfatizamos, assim, que o fato de ações de heteroidentificação serem cotidianamente colocadas em prática, por nós e pelos outros, era o que possibilitava que esse procedimento fosse colocado em prática em contextos institucionais. Tratava-se, portanto, de uma espécie de um experimento, na medida em tentaríamos reproduzir em um ambiente controlado situações que já aconteciam na vida real.

Todavia, uma diferença marcante entre o ato de heteroidentificar alguém no cotidiano e um procedimento de heteroidentificação como requisito para acesso a uma política pública é que, no último caso, os(as) responsáveis pela heteroidentificação incorporam a função de agentes públicos, devendo agir com impessoalidade, sigilo e atenção estrita aos critérios definidos para todos e cada um dos agentes públicos envolvidos naquela ação. Isto significa dizer, por exemplo, que os critérios definidos a priori para identificação de sujeitos do público-alvo da política de Ações Afirmativas (conjunto das características fenotípicas) deveriam ser aplicados a todos(as) os(as) candidatos(as), independentemente de classe social imaginada, curso pretendido ou relações pessoais de afeto ou desavenças. Neste ponto, aliás, vale mencionar que reforçamos, entre os membros da comissão, a necessidade de se declararem impedidos de compor a comissão quando identificassem, na lista a presença, algum(a) candidato(a) que fossem seu(sua) parente – consanguíneo ou afins, em linha reta ou colateral, até o terceiro grau – ou candidatos(as) com situação evidente de amizade ou inimizade.

Outro aspecto exaustivamente debatido ao longo da oficina foram os conceitos de Fraude em Cotas, por um lado, e de Uso Indevido de Cotas, por outro. Na ocasião, argumentei que, em muitas situações onde se verifica a incompatibilidade entre autodeclaração e heteroidentificação, não é possível definir a existência de fraude, já que não é possível identificar a má-fé, exceto quando há o autorreconhecimento da má-intenção como guia do comportamento. As análises preliminares que realizei das justificativas apresentadas por candidatos(as) autodeclarados(as) pretos, pardos e indígenas nas cartas consubstanciadas, e que serão apresentadas no Capítulo 3, mostram que, entre os estudantes autodeclarados pardos, as referências genéricas à ancestralidade estavam muito associadas ao mito fundacional brasileiro, segundo o qual todos nós – independentemente de cor ou raça – somos descendentes de uma ancestralidade sintética.

Por estar incorporada em nosso imaginário coletivo, esta compreensão, que assenta a identidade nacional brasileira na universalidade da mestiçagem, já que tem a capacidade de interferir em diferentes esferas de nossa vida cotidiana, se faz presente também no momento de firmar sua identidade para concorrer às Políticas de Ações Afirmativas no ensino superior. Os relatos informais de alguns(mas) candidatos(as) afirmaram não haver pensado sobre seu pertencimento racial antes de se deparar com a possibilidade de concorrer pela reserva de vagas, e que a opção por assinalar a opção pardo se deu, justamente, na escola, com ajuda de um(a) ou mais professores(as). Interessante observar que, ao mesmo tempo que a escola tem sido identificada como lugar privilegiado de reprodução do racismo (CAVALLEIRO, 2003; FAZZI, 2004; DIAS, 2011), ela pode também contribuir na desconstrução e no enfrentamento ao racismo (GOMES; JESUS, 2013). No entanto, nesses casos em específico, em que o debate sobre pertencimento racial não ganha o espaço de um debate curricular, a orientação dada por docentes, muitas vezes, reproduz o imaginário coletivo em torno da mestiçagem universal, mas desta vez revestida com o manto da autoridade docente: "Foi meu(minha) professor(a) quem disse que eu sou pardo(a)!".

Cabe ressaltar aqui que, se as escolas cumprissem de modo efetivo a Lei de Diretrizes e Bases da Educação e colocassem em prática o artigo 26A, incluído pela Lei 11.645 de 2008, optando por superar as ações pedagógicas de cunho cultural e lúdico, os debates em torno da formação da nacionalidade brasileira, do racismo, da discriminação e da mestiçagem poderiam ganhar outros contornos capazes de promover uma reflexão crítica por parte da comunidade escolar. Mesmo reconhecendo que nem todas as situações em que verificamos a incompatibilidade entre autodeclaração e heteroidentificação racial deveriam ser classificadas como fraudes, derivadas de má-fé, podemos identificar em diferentes situações o uso indevido da política, já que as vagas acabam sendo ocupadas por sujeitos que não são destinatários da desta, havendo, portanto, dano aos legítimos sujeitos de direito.

Ao final da oficina formativa, muitos daqueles que estiveram presentes compartilharam o sentimento de surpresa em relação à complexidade do procedimento e à existência de pressupostos teóricos sólidos que o sustentassem. Ao mesmo tempo que a complexidade do procedimento os surpreendeu, também os fez se confrontar com alguns dos preconceitos que tinham em relação à heteroidentificação. Alguns dos presentes afirmaram, ainda, que a oficina os deixou mais tranquilos e seguros para identificar os(as) candidatos(as) pertencentes ao público-alvo da política e os distinguir daqueles(as) que não se enquadrariam no rol de beneficiários(as).

O momento de realização das bancas

As primeiras bancas de heteroidentificação realizadas na UFMG dirigidas a estudantes de graduação foram agendadas para os primeiros dias de fevereiro de 2019. Trinta e cinco pessoas, de pertencimentos raciais, de gênero e de segmentos universitários distintos, atuaram como membros das comissões de heteroidentificação.

No quadro a seguir, reproduzo o roteiro de fluxo de trabalho que orientou as atividades de cada um dos avaliadores em cada uma das bancas realizadas.

Quadro 2 – Fluxo de trabalho das comissões

1 – O(A) candidato(a) chega à sala de espera;
2 – O(A) candidato(a) é chamado(a) pelo(a) secretário(a);
3 – O(A) candidato(a) entrega um documento com foto ao(à) secretário(a) e assina a lista de presença na frente do(a) secretário(a);
4 – O(A) secretário(a) pede para ver a Carta Consubstanciada preenchida e a coloca dentro do envelope;

> 5 – O(A) candidato(a) preenche a declaração de comparecimento, o(a) secretário(a) a assina e a devolve ao(à) candidato(a);
>
> 6 – O(A) candidato(a) senta-se na fila de espera e preenche o envelope;
>
> 7 – O(A) candidato(a) apresenta o CPF para um membro da banca;
>
> 8 – O(A) candidato(a) recebe e preenche a Declaração de Confirmação da Autodeclaração na frente da comissão;
>
> 9 – Cada um dos membros da comissão avalia o fenótipo do(a) candidato(a) e registra sua avaliação no sistema de heteroidentificação racial;
>
> 10 – O(A) candidato(a) insere a Declaração de Confirmação no envelope e a entrega à banca;
>
> 11 – Um membro da banca guarda o envelope.

Fonte: Elaboração própria.

Como mencionado no quadro anterior, cada uma das avaliações realizadas por cada um dos cinco membros da comissão foi lançada em um sistema operacional, criado pela equipe de desenvolvimento de sistemas da UFMG e intitulado AVLRACA (Heteroidentificação de Autodeclaração de Raça). Após o lançamento do CPF do(a) candidato(a) no sistema, seu nome completo aparece na tela, bem como as duas opções de avaliação: a) O candidato É sujeito da política de ação afirmativa que reserva vagas para pessoas negras (pretas e pardas) no ensino público superior; e b) O candidato NÃO É sujeito da política de ação afirmativa de reserva de vagas.

Importante destacar que a tomada de decisão de cada um dos membros da comissão foi feita de modo individual e sigiloso, sendo que o placar majoritário foi o que definiu se o(a) candidato(a) seria confirmado(a) ou indeferido(a).

Deste modo, caso pelo menos três dos membros da comissão considerassem que o(a) candidato(a) possuía características fenotípicas que o(a) faziam ser lido(a) socialmente como uma pessoa negra, ele(a) era confirmado(a). Por outro lado, caso pelo menos três dos membros da comissão considerassem que o(a) candidato(a) não possuía características fenotípicas que o(a) faziam ser lido(a) como uma pessoa negra, ele(a) era indeferido(a).

As orientações repassadas aos membros da comissão, no momento da oficina formativa, enfatizaram que as análises fenotípicas deveriam considerar o conjunto das características dos(as) candidatos(as), o que permitiria que eles(as) fossem socialmente lidos(as) como pessoas negras ou não negras. Além desta orientação específica, os membros ainda foram orientados a não se preocupar, no caso de indeferimento, com a definição do pertencimento étnico-racial do(a) candidato(a) lido(a) como pessoa não negra, já que a missão da banca era dizer se ele(a) era visto, ou não, como negro(a) e, em consequência, poderia ser definido como público-alvo da política de reservas de vagas para pessoas negras. Todavia, caso um membro da banca considerasse que o candidato não era sujeito da Política de Ação Afirmativa, deveria elaborar uma justificativa de sua decisão,[13] o que possibilitava adequar o procedimento ao requisito jurídico de indeferimento motivado. Alguns exemplos de justificativas utilizadas pelos

---

[13] Se, na edição de 2019, cada avaliador precisava digitar sua própria justificativa, com base em um conjunto de opções prévias, a partir de 2020 inserimos no sistema uma lista de justificativas de indeferimento, possibilitando que os avaliadores escolhessem com um clique, uma alternativa. Esta simples mudança evitou que a ação de indeferimento, por meio da digitação de uma justificativa, pudesse ser identificada pelos demais avaliadores, o que poderia influenciar seu julgamento.

membros foram: a) "Baseado em análise fenotípica, a candidata não foi reconhecida por mim como público-alvo da Política de Ação Afirmativa para pessoas negras (pretas ou pardas)"; b) "Não reconheço a candidata como público-alvo da política que reserva vagas para pessoas negras (pretas ou pardas) no ensino público superior"; e c) "Observando o fenótipo da candidata, não a reconheço como pessoa negra (preta ou parda)".

Importante dizer que a decisão institucional de estabelecer o placar majoritário, sem debate e sem a necessidade de consenso, como definidor da condição do candidato (confirmado ou indeferido) esteve ancorada na compreensão de que, apesar das diferentes leituras raciais presentes nos imaginários individuais dos brasileiros, é possível identificar um senso compartilhado do pertencimento racial das pessoas, especialmente no contexto brasileiro.

> Assim, também não há nada que seja inerente às pessoas ou que se ofereça espontaneamente de forma "natural" nos traços físicos que se destacam para constituir uma cor ou raça na percepção dos seres humanos. A identificação de determinadas feições e o seu revestimento de um significado "racial" exige um contexto ideológico específico que lhes outorgue sentido. Denominados correntemente como marcas fenotípicas, tais traços têm significado apenas no interior de uma ideologia preexistente e é só por isso que eles funcionam como marcas ou como critérios de classificação (GUIMARÃES, 1995, p. 34).

Como alertou Oracy Nogueira, ainda na década de 1950, é com base na avaliação fenotípica que são elaborados e colocados em prática os pensamentos e os comportamentos discriminatórios no contexto brasileiro, e não com base em uma informação pública ou cuidadosamente guardada no âmbito privado sobre a ancestralidade dos sujeitos. Nesse sentido, a discriminação pressupõe um senso, aprendido e compartilhado, sobre a quem, possuidor de determinadas características fenotípicas, se dirige a discriminação racial. Tendo isto em perspectiva, a composição das comissões apostou na produção de consensos intersubjetivos, o que poderei demonstrar adiante. Adicionalmente, a opção pela decisão majoritária não dialogada esteve ancorada na percepção de que a presença de especialistas na questão racial, ou em temas afins, entre os membros das comissões seria capaz de incidir fortemente nos julgamentos dos demais avaliadores, influenciando a decisão final.

Embora tenhamos enfrentado algumas situações delicadas ao longo do processo, sobretudo no que se refere à dimensão tecnológica e logística, avaliamos que tanto o planejamento quanto a execução dos procedimentos foram muito positivos. Ao mesmo tempo que podemos considerar o baixo número de recursos judiciais impetrados contra o procedimento um bom indicador da qualidade do trabalho desenvolvido, devemos levar em consideração também os retornos verbais de alguns avaliadores destacando a qualidade do trabalho e o cuidado com o qual o processo foi conduzido. Entre os vários retornos recebidos, creio que um merece ser reproduzido no Quadro 3, a seguir.[14]

---

[14] Inicialmente enviado por e-mail, o texto escrito pela professora da Faculdade de Medicina da UFMG, Cristina Alvim, foi posteriormente publicado no *Boletim UFMG*, veículo de comunicação interno da universidade, no dia 11 de março de 2019 (ver ALVIM, 2019). Sua ampla circulação entre a comunidade acadêmica é o mais importante motivo para sua reprodução aqui.

Quadro 3 – Depoimento de membro da Comissão de Heteroidentificação

Ações Afirmativas: preocupações de cada um e projeto de todos
Este texto começou como uma carta de agradecimento à Comissão Permanente de Ações Afirmativas e Inclusão da UFMG, por me proporcionar um grande aprendizado e uma experiência emocionante, num daqueles momentos em que sentimos estar fazendo algo relevante e transformador. Sou mulher, branca e privilegiada socioeconomicamente. Nasci em uma família que me propiciou condições para me dedicar aos estudos sem outras preocupações e responsabilidades. Estudei em colégios particulares e ingressei como estudante na UFMG em março de 1990, aos 18 anos. Se, por um lado, hoje, o processo seletivo na UFMG está mais concorrido, pelo caráter nacional do SiSU, por outro, caminha para ser mais inclusivo e capaz de promover o acesso de pessoas com histórias de vida diversas e mais difíceis do que a minha. Desde 2005, sou professora do curso de Medicina da UFMG, que existe há mais de 100 anos e é tradicionalmente marcado pela exclusão social e racial. Felizmente, estudos realizados pela Pró-reitoria de Graduação evidenciam que essa realidade vem se modificando. Em relatório sobre o perfil do estudante de Medicina, no período de 2008 a 2017, observou-se aumento do percentual de estudantes com renda familiar de até cinco salários mínimos, de 15% para 35%. Em 2008, apenas 14% dos alunos haviam feito o ensino médio integralmente em escolas públicas, índice que em 2017 já correspondia à metade dos egressos no curso. O percentual de estudantes que se autodeclaram negros (pretos ou pardos) passou de 24%, em 2008, para 42%, em 2017. Ressalta-se, porém, que apenas 5% se autodeclaram como de cor preta.

Meu conhecimento teórico sobre ações afirmativas é limitado. Comecei a escutar pessoas que se dedicavam à causa e a prestar atenção de verdade no tema quando as cotas foram implementadas, pois, no lugar em que estou, não havia vozes para levantar e sustentar essa discussão. Sinto vergonha disso, mas preciso ser honesta. Entretanto, meu sentimento de que o mundo está muito errado é antigo, e meu desejo de uma sociedade mais igualitária e justa vem de longa data. Por isso, acredito, sobretudo, na contribuição essencial da educação pública, gratuita e de qualidade para as transformações sociais de que precisamos e como meio imprescindível para a construção de uma sociedade mais democrática, ética e justa e de um país melhor para se viver. Como previsto no Plano de Desenvolvimento Institucional da UFMG (2018-2023), "universidades federais são chamadas a agir em consonância com valores propiciadores de justiça social" e "são responsáveis pela produção e pela disseminação do conhecimento, bem público indispensável à construção da cidadania nas sociedades contemporâneas".

Assim, fiquei muito feliz (a princípio, diria honrada, mas aprendi que a palavra "honra" tem origens perigosas) com o convite da Comissão Permanente de Ações Afirmativas e Inclusão para participar da etapa de avaliação complementar à autodeclaração, por meio da heteroidentificação fenotípica – que significa avaliar características visíveis do candidato que, combinadas, o tornam socialmente reconhecido (ou não) como pessoa negra. Seria mais prudente não me aventurar por terras desconhecidas, mas confiando muito nas pessoas que me guiavam, fui.

Tensão, insegurança, medo de não ser justa foram os sentimentos iniciais, que, todavia, foram aliviados pelos textos lidos e pela oportunidade de conversar durante a longa e cuidadosa oficina de formação oferecida aos participantes.

Tudo muito bem preparado, ambiente calmo e acolhedor, começamos as avaliações. A pergunta norteadora era clara: o/a candidato/a é sujeito da política de ações afirmativas de reserva de vagas étnico-raciais? Percebi que, na maioria dos casos, não é difícil dizer se a pessoa é negra. Sofri muito com os casos em que tive dúvida. Porém, o fato de saber que essa etapa fazia parte de um processo muito bem elaborado e cuidadoso amenizou essa angústia.

A existência de número significativo de candidatos que não apresentavam fenótipo negro me fez ter a certeza da necessidade dessa avaliação. Fiquei me perguntando sobre os motivos que levariam a uma autodeclaração não condizente com o fenótipo observado. Lembrei das orientações durante a oficina: "nem tudo é fraude". A questão da ascendência? É complexa, sem dúvida. Desespero? Talvez. Algumas vezes, pareceu falha na responsabilidade do/a candidato/a em se informar melhor, principalmente sobre quem tem direito às cotas étnico-raciais. No entanto, as pessoas negras pareciam se sentir respeitadas e enxergar no processo a garantia desse direito.

Concluo convencida da necessidade de passar uma mensagem forte sobre quem são os sujeitos da política de reserva de vagas étnico-raciais. Uma mensagem ética. No dizer da reitora Sandra Regina Goulart Almeida, na comemoração dos 91 anos da UFMG: "[...] como universidade pública, temos que representar uma aposta na direção contrária: o nosso compromisso com a justiça, com o Estado democrático de direito e com os direitos humanos [...]. Políticas que, indo além da igualdade formal, coloquem o olhar sobre os sujeitos, sobre as suas histórias, sobre os seus pontos de enunciação, sobre as suas aspirações, como direitos, forjando um ambiente no qual a questão da articulação de um mundo de iguais, construído precisamente sobre as diferenças e sobre a diversidade, seja uma preocupação de cada um e um projeto de todos".

Meus sinceros agradecimentos a Rodrigo Ednilson de Jesus, Daniely Reis Fleury e à estudante de Gestão Pública Ayana Odara. Sigamos juntos.

Fonte: Adaptado de ALVIM, 2019.

Como mencionado pela professora Cristina Alvim no texto anterior, todos os membros da comissão foram orientados, durante a oficina formativa, a avaliarem o conjunto de características fenotípicas dos candidatos sem debater sua avaliação com os colegas. Como já antecipei em outra parte do texto, esta orientação tem relação direta com nossa preocupação com "controle de subjetividades", o que não pode ser confundido com expectativa de eliminação da subjetividade do processo. Nossa preocupação em construir um procedimento capaz de promover um "controle da subjetividade", deveu-se, portanto, à compreensão de que era possível construir uma avaliação válida e consistente sem desconsiderar as diferentes subjetividades envolvidas no processo. Este reconhecimento da subjetividade, aliás, nos ajudaria a explicar o fato de duas pessoas distintas avaliarem o(a) mesmo(a) candidato(a) de modos diferentes, já que, em tese, estas os(as) olhariam a partir de diferentes lugares subjetivos. Todavia, o controle de subjetividade colocado em prática no procedimento de heteroidentificação adotado pela UFMG residia na consolidação dos três eixos norteadores: 1) estabelecimento do princípio (a *heteroidentificação é procedimento complementar à autodeclaração* e não verificação da autenticidade da autodeclaração); 2) identificação do público-alvo (entende-se por *candidatos(as) negros(as)*, destinatários das políticas de reserva de vagas, aqueles sujeitos que se enxergam, e são enxergados, como negros de cor preta ou negros de cor parda); e 3) definição de critérios (a heteroidentificação de candidatos(as) negros(as) será feita observando apenas o *conjunto de características fenotípicas identificáveis no candidato*, excluindo aspectos da ancestralidade ou do contexto social).

Como mencionado no início deste capítulo, todo candidato indeferido nas bancas regulares teria direito a ingressar com pedido de recurso à decisão da comissão. Além do imperativo de novos olhares sobre as características fenotípicas do(a) candidato(a), as bancas recursais, previstas no Edital Complementar ao SiSU 2019,[15] funcionaram sob a premissa jurídica *In dubio pro reo*.[16] Em nosso caso específico, os(as) candidatos(as) não se encontravam na condição de réus(rés), por isso, o que retivemos desta expressão foi a importância de observar, em caso de dúvida do(a) examinador(a) quanto ao pertencimento do(a) candidato(a) ao grupo beneficiário das ações afirmativas para negros, a "presunção relativa de veracidade" de sua autodeclaração. Em situações de dúvidas sobre o pertencimento ou não do(a) candidato(a) ao grupo público-alvo da política, cada um dos membros das bancas recursais foi orientado a confirmar a autodeclaração dos(as) candidatos(as), confirmando suas matrículas. Importante destacar, entretanto, que, assim como nas chamadas regulares, as avaliações feitas pelos membros durante as bancas recursais foram realizadas de maneira sigilosa e o resultado também foi extraído a partir da posição da maioria.

---

[15] O(a) candidato(a) pode apresentar recurso, no prazo estipulado no Edital. O recurso compreende, no caso, em reapresentar-se diante de uma nova banca, também formada por cinco pessoas, diferentes daquelas que constituíram a primeira banca. Coube às bancas observar, como se disse, o fenótipo do(a) candidato(a), ou seja, o conjunto de características fenotípicas de pessoa negra (preta/parda). No caso de indeferimento, cada um dos cinco membros da banca preencheu uma justificativa para sua avaliação. No caso em que apresentou recurso e apresentou-se a nova banca, portanto, cada candidato(a) teve sobre si dez justificativas registradas.

[16] Esse princípio está inspirado nos termos da Declaração Universal de Direitos Humanos de 1948, que, no artigo XI, preconiza que "toda pessoa acusada de um ato delituoso tem o direito de ser presumida inocente, até que a culpabilidade tenha sido provada de acordo com a lei, em julgamento público, no qual lhe tenham sido asseguradas todas as garantias necessárias à sua defesa" (disponível em: <http://uni.cf/30Agyoc>. Acesso em 11 mar. 2021).

A tabela a seguir mostra uma síntese do número de candidatos submetidos ao procedimento de heteroidentificação ao longo das cinco chamadas regulares da UFMG.

Tabela 1 – Quantidade de alunos inscritos nas modalidades destinadas a negros (pretos ou pardos) e indígenas

Chamadas	Convocados	Presentes	Confirmados	Indeferidos	
				Presentes	Ausentes
1ª	965	855	526	329	110
2ª	133	98	54	44	35
3ª	39	30	20	10	9
4ª	324	218	130	88	106
5ª	117	83	56	27	34
Total	1.578	1.284	786	498	294
				498 + 294 = **792**	
	1.284 + 294 = **1.578**	786 + 498 = **1.284**	786 + 792 = **1.578**		

Fonte: Elaboração própria.

Como se pode observar na Tabela 1, 965 vagas para cursos de graduação foram oferecidas pela UFMG no primeiro semestre de 2019, número equivalente ao total de convocados na primeira chamada. No esforço para preencher todas as vagas, 1.578 candidatos(as) foram convocados(as) para serem atendidos(as) nos procedimentos de heteroidentificação realizados durante as cinco chamadas regulares. Deste total,

1.284 candidatos(as) compareceram às comissões, o que representa 81,4% de comparecimento. Setecentos e oitenta e seis pessoas compareceram às comissões e foram confirmadas; 498 candidatos(as), apesar de terem comparecido às bancas, foram indeferidos(as); e 294 foram indeferidos(as) por não terem se apresentado às bancas.

Dos(as) 498 candidatos(as) que, embora tenham comparecido diante das comissões de heteroidentificação nas chamadas regulares, foram indeferidos(as), 390 candidatos(as), 78,3%, solicitaram uma nova avaliação. Tais números podem ser observados na tabela a seguir.

Tabela 2 – Quantidade de alunos que entraram com recursos e foram reavaliados pela comissão

Chamadas	Recorrentes	Presentes	Confirmados	Indeferidos	
				Presentes	Ausentes
1ª	280	239	53	186	41
2ª	20	18	7	11	2
3ª	90	87	14	73	3
	390	**344**	**74**	270	46
Total				270 + 46 = **316**	
	344 + 46 = 390	74 + 270 = 344	74 + 316 = **390**		

Fonte: Elaboração própria.

Dos(as) 344 candidatos(as) presentes às bancas recursais, 74, número que representa 21,5% dos presentes, tiveram sua autodeclaração de pessoa negra reconhecida, modificando o parecer inicial. Por outro lado, 270 pessoas, número que representa 78,5% dos 344 presentes, tiveram sua autodeclaração de pessoa negra indeferida, e 46 candidatos(as), o que representa 11,8% dos 390 solicitantes, não compareceram às bancas e também foram indeferidos(as).

Finalizada a etapa recursal, cada um(a) dos(as) estudantes que estiveram presentes no procedimento de heteroidentificação étnico-racial recebeu uma mensagem contendo uma justificativa de indeferimento ou de confirmação de sua matrícula. Aqueles(as) estudantes que, embora tenham sido convocados(as), não compareceram à comissão de heteroidentificação receberam um ofício de indeferimento sinalizando que tal indeferimento foi resultado de sua ausência a um procedimento considerado como obrigatório para o registro acadêmico.

Considerando que 786 estudantes foram confirmados (as) ao longo das cinco chamadas regulares e que 74 foram confirmados(as) ao longo das três bancas recursais, tivemos um total de 860 candidatos(as) confirmados(as), o que significa que apenas 105 vagas das 965 inicialmente ofertadas não foram ocupadas no primeiro semestre de 2019. No segundo semestre de 2019, as 105 vagas não preenchidas no primeiro semestre foram re-ofertadas.

Se levarmos em consideração as fases de preparação, execução e organização dos trabalhos, podemos considerar que a primeira experiência de heteroidentificação realizada na UFMG durante o processo seletivo do SiSU foi bastante exitosa. Além de incidir no aprimoramento da política, possibilitando que sujeitos que fazem parte do público-alvo desta ingressassem na universidade por meio da reserva de vagas e impedindo que aqueles(as) que não são público-alvo da política não ingressassem, o procedimento de heteroidentificação racial possibilitou a ampliação do debate interno e externo sobre Ações Afirmativas, sobre racismo e discriminação racial, sobre desigualdades, sobre identidade racial e identidade nacional no Brasil.

Como mencionei no início deste capítulo, o próximo capítulo será dedicado a apresentar e discutir as cartas consubstanciadas que, apesar de não exercerem qualquer impacto na decisão de confirmação ou indeferimento dos(as) candidatos(as), também tiveram papel destacado na ampliação do debate sobre Ações Afirmativas, racismo, discriminação racial e temas correlatos.

Capítulo 3

As cartas consubstanciadas como estratégia de elevação dos custos de uma autodeclaração falsa

Como é possível observar no site da UFMG, na parte dedicada ao esclarecimento de dúvidas sobre o processo seletivo via SiSU, a Carta Consubstanciada é "um instrumento que, além de elevar os custos de uma autodeclaração falsa, visa promover reflexões sobre o pertencimento étnico-racial, já que nela devem conter os motivos pelos quais os(as) candidato(as) se autodeclaram negros(as) (pretos, pardos ou indígenas).[17]

Conforme já argumentei no primeiro capítulo, o parecer elaborado pelo ministro Ricardo Lewandowski na ADPF 186, onde são citados diferentes mecanismos de controle da Política de Ações Afirmativas, serviu como inspiração para a incorporação desse mecanismo complementar à autodeclaração racial. Embora o preenchimento da carta tenha se tornado obrigatória a partir do ano de 2018, é importante ressaltar que não compete à UFMG definir o que o(a) candidato(a) precisa escrever na carta para justificar sua identificação racial. Não existe, portanto, um gabarito identificando respostas certas ou erradas e, consequente com este princípio, nenhuma das justificativas é corrigida, nem

---

[17] Disponível em <https://bit.ly/30bv4T1>. Acesso em 20 mar. 2020.

antes nem depois do registro acadêmico. Isso significa dizer, portanto, que o teor das cartas não influencia os julgamentos feitos pelos membros da comissão sobre o pertencimento ou não ao grupo público-alvo da política, já que elas não são lidas pelos avaliadores.

Mas se as cartas consubstanciadas não serão analisadas, não podendo, portanto, influenciar o resultado dos(as) candidato(a), para que servem?

Na compreensão da equipe que sugeriu a inserção das cartas consubstanciadas como pré-requisito da candidatura a uma vaga na modalidade de Ações Afirmativas, esses documentos públicos também se configuram como ótimas oportunidades para que os(as) candidatos(as) reflitam sobre seus próprios pertencimentos raciais e sobre os elementos que os(as) fazem se identificar e ser identificados(as) como estudante negro. Como objeto de análise científica, as justificativas apresentadas pelos candidatos podem ser compreendidas como elementos fundamentais para a compreensão dos elementos mobilizados na construção da identificação e da identidade racial, compreendidos como processos articulados, mas distintos.

Embora as cartas apresentem inúmeros elementos que permitem diferentes tipos de análise, no âmbito deste trabalho as justificativas serão analisadas apenas de modo quantitativo. Após a leitura detalhada das justificativas apresentadas nas cartas, os textos foram transformados em categorias analíticas, o que exigiu um intenso trabalho de interpretação e codificação. Importante mencionar que nenhuma das justificativas será relacionada a informações nominais que permitam identificar os(as) autores(as) das justificativas, protegendo, portanto, o anonimato dos(as) candidatos(as).

As categorias analíticas, construídas por meio da leitura das justificativas dos(as) candidatos(as), estão apresentadas no quadro a seguir.

Quadro 4 – Dimensões temáticas e categorias analíticas

1ª Dimensão temática: Justificativas da identificação racial	
Fenótipo	**Ascendência**
Esta alternativa reúne as justificativas que basearam a identificação racial em dimensões fenotípicas do próprio candidato, como cor, cabelo e características da boca, nariz etc.	Esta alternativa reúne as justificativas que basearam a identificação racial na ancestralidade, ou seja, no fato de pais, avós ou tios serem identificados como pessoas negras.

Fenótipo e ascendência	**Identidade negra**	**Outras justificativas (fenótipo dos familiares, experiência de racismo etc.)**
Esta alternativa reúne as justificativas que basearam a identificação racial, tanto nas dimensões fenotípicas do próprio candidato quanto em sua ancestralidade.	Esta alternativa reúne as justificativas que basearam a identificação racial, seja nas dimensões fenotípicas do próprio candidato ou em sua ancestralidade, mas enfatizando sua identificação como pessoa negra.	Esta alternativa reúne justificativas que basearam a identificação racial nas características fenotípicas dos familiares, em experiências de racismo e outras justificativas.

2ª Dimensão temática: Referência à miscigenação	
Sim	**Não**
Esta alternativa se refere à justificativa que mobiliza o fenômeno da miscigenação, no grupo familiar ou no Brasil, de modo geral, para sustentar o pertencimento racial do(a) candidato(a).	Esta alternativa se refere à justificativa que NÃO mobiliza o fenômeno da miscigenação, no grupo familiar ou no Brasil, de modo geral, para sustentar o pertencimento racial do((a) candidato(a).

Fonte: Elaboração própria.

Importante mencionar que todas as categorias analíticas apresentadas no quadro acima foram construídas a partir daquilo que chamamos de *grounded theory*, ou seja, quando as categorias analíticas são sugeridas pelos dados produzidos e não são derivadas de teorias previamente estabelecidas. Assim, após ler todas as cartas contendo as justificativas elaborados pelos(as) candidatos(as) foi possível perceber que diferentes motivos foram mobilizados para sustentar os pertencimentos raciais, o que me levou a criar diferentes códigos de resposta (fenótipo, ascendência, fenótipo dos familiares, experiência de racismo etc.) e, posteriormente, agrupá-los nas cinco categorias da primeira dimensão apresentadas no quadro anterior. Tal como aconteceu com a primeira dimensão, a segunda também foi criada a partir da leitura dos dados. Sendo assim, para os casos em que a justificativa de pertencimento racial incluía uma referência explícita à miscigenação, no grupo familiar ou no Brasil, o código *Sim* foi atribuído. Já para os casos onde a justificativa de pertencimento racial não incluía referências explícitas à miscigenação, no grupo familiar ou no Brasil, o código *Não* foi atribuído.

Na tabela a seguir, é possível observar que 520 candidatos(as), 33% do total, justificaram sua identificação racial referindo-se às suas características fenotípicas e ascendência, ao passo que 267 candidatos(as), quase 17% do total, justificaram sua identificação racial referindo-se apenas às suas características fenotípicas. Por outro lado, 222 candidatos(as), o que representa 14,1% do total, justificaram sua identificação racial reforçando sua identidade negra, e apenas 98 candidatos(as) justificaram sua identificação racial referindo-se apenas à ascendência, representando 6,2%.

Tabela 3 – Justificativas contidas nas cartas consubstanciadas

Justificativas	Frequência	Porcentagem válida	Porcentagem cumulativa
Fenótipo e ascendência	520	33,0	33,0
Fenótipo	267	16,9	49,9
Identidade negra	222	14,1	64,0
Outras justificativas	160	10,1	74,1
Ascendência	98	6,2	80,3
Ausente	294	18,6	98,9
Não respondeu	17	1,1	100,0
Total	1578	100,0	

Fonte: Elaboração própria.

Interessante observar que, apesar do percentual considerável de candidatos(as) que justificaram sua identificação racial referindo-se à sua ascendência, cerca de 50% dos(as) candidatos(as), incluindo aqueles(as) que foram indeferidos(as) pela Comissão de Heteroidentificação por não terem seus fenótipos lidos como sendo de pessoas negras, justificaram sua identificação racial referindo-se às suas características fenotípicas. Esse percentual considerável de candidatos que fazem menção ao fenótipo, de modo isolado ou na articulação com a ascendência, parece reforçar a centralidade que tais características ganham no processo de identificação racial, ao menos no contexto de políticas de Ações Afirmativas que exigem que a autodeclaração seja, de algum modo, confrontada.

Para aprofundarmos nessa compreensão, apresentarei, na tabela a seguir, uma análise cruzada das categorias mobilizadas nas justificativas e das referências feitas (ou não) à miscigenação. Com o objetivo de trabalhar apenas com casos válidos, excluirei da análise os 299 casos de candidatos(as) que ou não estiveram presentes diante da comissão ou não apresentaram justificativas escritas. Trabalharei, portanto, com 1.279 casos.

Tabela 4 – Justificativas e referências à miscigenação

Justificativas	Referências à miscigenação		Total
	Sim	Não	
Fenótipo e ascendência	289	231	520
	(55,6% - 59,3%)	(44,4% - 29,3%)	(100% - 40,6%)
Ascendência	52	46	98
	(53,1% - 10,8%)	(46,9% - 5,99%)	(100% - 8,7%)
Identidade negra	47	175	222
	(21,2% - 9,6%)	(78,8% - 22,2%)	(100% - 17,3%)
Fenótipo	45	222	267
	(16,9% - 9,3%)	(83,1% - 28%)	(100% - 20,9%)

Outras justi-ficativas	53 (33,1% - 11%)	107 (66,9% - 13,6%)	160 (100% - 12,5%)
Total	487 (38,1% - 100%)	792 (61,9% - 100%)	1.279 (100% - 100%)

Fonte: Elaboração própria.

Como podemos observar na primeira coluna, referente aos números e percentuais totais, 487 candidatos(as), o que representa pouco mais que 38%, fizeram referência à miscigenação, de suas famílias ou do Brasil, como forma de justificar sua identificação racial e sua condição de beneficiários(as) da Política de Cotas. Por outro lado, 792 candidatos(as), 61,9%, não fizeram referências à miscigenação para justificar sua identificação racial e sua condição de beneficiários(as) da política. Uma hipótese que levanto neste ponto é que esses números e percentuais não se referem, necessariamente, ao percentual de candidatos(as) frutos de relacionamentos inter-raciais de primeira, segunda ou terceira geração, e sim àqueles(as) que mobilizaram a experiência da miscigenação familiar, ou a metáfora da miscigenação como formadora da nacionalidade brasileira, para sustentar suas justificativas.

Todavia, apesar da importância dessa observação geral, podemos observar que os maiores percentuais de referência à miscigenação podem ser observados entre aqueles(as) que, respectivamente, justificaram sua identificação racial seja referindo-se ao fenótipo e à ascendência, de modo articulado, seja se referindo apenas à ascendência. Entre os(as) candidatos(as) que justificaram sua identificação racial se referindo a suas características fenotípicas e sua ascendência, o percentual de referências à miscigenação foi de 55,6%, e entre aqueles(as) que justificaram sua identificação racial se referindo apenas à ascendência, o percentual de referências à miscigenação foi de 53,1%. Por outro lado, entre aqueles(as) que justificaram sua identificação racial demarcando, de modo explícito, sua identidade negra, as menções à miscigenação foram de 21,2%, e entre os(as) que se referiram apenas às suas características fenotípicas o percentual de menções à miscigenação foi de apenas 16,9%.

Apesar de argumentar aqui, e em outros textos (como em JESUS, 2018), que a imagem de nação que se consolidou ao longo do século XX está alicerçada tanto no inconfessável desejo de se tornar uma nação branca (Teoria do Branqueamento Racial) quanto no orgulho de ser uma nação na qual a convivência harmônica entre as três matrizes raciais seria predominante (Teoria da Democracia Racial), podemos observar, por meio da tabela a seguir, que, ao menos no que se refere aos argumentos mobilizados para justificar sua identificação racial na Carta Consubstanciada, as referências à mestiçagem foram mais mobilizada por estudantes autodeclarados pardos do que entre os autodeclarados pretos ou indígenas.

Tabela 5 – Referências à miscigenação por grupos de cor

Referências à miscigenação			
Grupos de cor	Sim	Não	Total
Preta	31 (11% - 6,4%)	249 (89% - 31,5%)	280 (100% - 40,6%)
Parda	446 (45,9% - 91,6%)	526 (53,1% - 66,6%)	972 (100% - 20,9%)
Indígena	10 (40% - 2%)	15 (60% - 1,9%)	25 (100% - 17,3%)
Total	487 (38,1% - 100%)	790 (61,9% - 100%)	1.277 (100% - 100%)

Fonte: Elaboração própria.

Como já observado na tabela anterior, o percentual de candidatos(as) que não fizeram menção à miscigenação como forma de reforçar sua identificação foi maior do que o daqueles(as) que o fizeram. Entretanto, quando observamos essas menções por grupos de cor, podemos perceber que enquanto apenas 11% dos autodeclarados(as) pretos(as) fizeram menções à miscigenação, entre os(as) autodeclarados(as) pardos(as) o percentual foi de 45,9%, e entre os(as) autodeclarados(as) indígenas foi de 40%. Ainda que considerando o número consideravelmente mais elevado de candidatos(as) autodeclarados(as) pardos(as), se comparado ao de indígenas e pretos(as), merece destaque o fato de que, entre aqueles(as) que mobilizaram a experiência da miscigenação, familiar ou como metáfora da formação nacional, para sustentar suas justificativas, 91,6% haviam se autodeclarado pardos, comparados com os 6,4% que haviam se declarado pretos e os 2% que haviam se declarado indígenas.

Antes de apresentar os dados da tabela a seguir, cabe enfatizar uma vez mais que as justificativas constantes nas cartas substanciadas não foram lidas pelos membros das comissões em tempo algum, não tendo, portanto, exercido nenhuma influência no resultado das avaliações. Entretanto, é significativo observar que, entre os(as) indeferidos(as) pela comissão, aqueles(as) que fizeram referência à miscigenação em suas justificativas foi da ordem de 60,9%, enquanto entre os que não o fizeram foi da ordem de 38,1%. Por outro lado, entre aqueles(as) que compareceram perante a comissão e tiveram suas matrículas confirmadas, apenas 23,5% fizeram referências à miscigenação e 76,4% não fizeram nenhuma referência.

Tabela 6 – Referências à miscigenação e resultado final

Resultado final	Referências à miscigenação		Total
	Sim	Não	
Indeferido	302 (60,9% - 62%)	194 (38,1% - 24,5%)	496 (100% - 38,8%)
Confirmado	185 (23,6% - 38%)	598 (76,4% - 75,5%)	783 (100% - 61,2%)
Total	487 (38,1% - 100%)	792 (61,9% - 100%)	1.277 (100% - 100%)

Fonte: Elaboração própria.

Importante enfatizar, uma vez mais, que os membros das comissões de heteroidentificação não tiveram acesso às cartas consubstanciadas em nenhum momento do processo e, nesse sentido, não puderam ler as justificativas escritas pelos(as) candidatos(as) ou mesmo averiguar se eles(as) haviam feito ou não referências à miscigenação, tanto familiar quanto como metáfora da formação nacional. Depreende-se daí, portanto, que o resultado alcançado pelos(as) candidatos(as), de indeferimento ou confirmação, não sofreu nenhuma influência daquilo que eles(as) escreveram em suas cartas. Ainda assim, entendemos que o cruzamento de algumas dessas variáveis, tais como a autodeclaração racial e as referências à miscigenação em suas justificativas de pertencimento racial, podem contribuir no melhor entendimento dos elementos que estão na base da identificação racial, por um lado, e na base dos discursos sobre a identificação racial, por outro lado. O cruzamento entre a variável "autodeclaraçao racial" e "referências à miscigenação", por exemplo, nos ajudou a compreender que, embora todos os grupos de candidatos(as) fizessem referências à miscigenação para sustentar suas justificativas sobre identificação racial, essa tendência era mais fortemente identificável entre os(as) candidatos(as) autodeclarados(as) pardos(as), o que parece guardar alguma relação com a tese por mim levantada no Capítulo 1 sobre os pardos que se veem como mestiços desracializados e que, nesse sentido, constroem sua identificação racial mais ancorada na ascendência do que em suas próprias características fenotípicas.

Os dados da tabela a seguir evidenciam essa observação. Ao compararmos as justificativas apresentadas por candidatos(as) autodeclarados(as) pretos(as) e pardos(as) e a referência ou não à miscigenação, podemos observar que em todos os itens, com exceção daquele que se referia a "fenótipo e ascendência", os percentuais de referência à miscigenação (*Sim*) foram maiores entre pardos do que entre pretos.

Tabela 7 – Justificativas e referências à miscigenação (por autodeclaração de cor)

Grupos de Cor	Justificativas	Referências à miscigenação		
		Sim	Não	Total
Pretos (as)	Fenótipo e ascendência	69 (84,1% - 79,3%)	13 (15,9% - 6,8%)	82 (100% - 29,6%)
	Identidade negra	11 (12% - 12,6%)	81 (88% - 42,6%)	92 (100% - 33,2%)
	Fenótipo	1 (1,6% - 1,2%)	63 (98,4% - 33,2%)	64 (100% - 23,1%)
	Outras justificativas	2 (6,9% - 2,3%)	27 (93,1% - 14,2%)	29 (100% - 10,5%)
	Ascendência	4 (40% - 4,6%)	6 (60% - 3,2%)	10 (100% - 3,6%)
	Total	87 (38,1% - 100%)	190 (61,9% - 100%)	277 (100% - 100%)

Grupos de Cor	Justificativas	Sim	Não	Total
Pardos (as)	Fenótipo e ascendência	271 (63% - 60,9%)	159 (37% - 30,7%)	430 (100% - 44,7%)
	Identidade negra	36 (28,8% - 8,1%)	89 (71,2% - 17,2%)	125 (100% - 13%)
	Fenótipo	43 (22% - 9,7%)	153 (78% - 29,5%)	196 (100% - 20,1%)
	Outras justificativas	51 (39,5% - 11,4%)	78 (70,1% - 15,1%)	129 (100% - 13,5%)
	Ascendência	44 (53% - 9,9%)	39 (47% - 7,5%)	83 (100% - 8,7%)
Total		445 (46,2% - 100%)	518 (53,8% - 100%)	963 (100% - 100%)

Fonte: Elaboração própria.

Ao mesmo tempo que 12% dos(as) candidatos(as) pretos(as) que justificaram sua identificação racial na "identidade negra" fizeram referência à miscigenação, 28,8% dos(as) candidatos(as) pardos(as) que justificaram sua identificação racial na "identidade negra" fizeram referência à miscigenação. Entre os(as) candidatos(as) pretos(as) que justificaram sua identificação racial no "fenótipo", 1,6% fizeram referência à miscigenação, e 22% dos(as) candidatos(as) pardos(as) que justificaram sua identificação racial com base no "fenótipo" fizeram referência à miscigenação.

Entre os(as) candidatos(as) pretos(as) que justificaram sua identificação racial com base nos argumentos do "fenótipo e na ancestralidade", 84,1% fizeram menções à miscigenação, e entre os que justificaram com base na "ascendência", 40% fizeram referência à miscigenação. Já entre os(as) candidatos(as) pardos(as) que justificaram sua identificação racial com base nos argumentos do "fenótipo e na ancestralidade", 63% fizeram menções à miscigenação, e entre os que justificaram com base na "ascendência", 53% fizeram referência à miscigenação. Embora o percentual de candidatos(as) pretos(as) que justificaram sua identificação racial com base nos argumentos do "fenótipo e na ancestralidade" e fizeram menções à miscigenação seja mais elevado do que o percentual de candidatos(as) pardos(as) na mesma condição, é preciso observar que o número absoluto dos dois grupos é muito distinto: 69 candidatos(as) pretos(as) e 271 candidatos(as) pardos(as).

Os dados apresentados até então, ilustrados pelas tabelas, parecem indicar que entre aqueles que mobilizam o argumento de ascendência, isoladamente ou em articulação com o argumento do fenótipo, para sustentar sua identificação racial, as referências à presença da miscigenação no contexto familiar, ou no Brasil de modo mais geral, estão mais presentes. Nesses casos, a presença de ascendentes pertencentes a diferentes grupos familiares parece explicar, ao menos em partes, o pertencimento racial dos(as) próprios(as) candidatos(as). Ao mesmo tempo, verifica-se que são os(as) pardos(as), independente da justificativa que mobilizam para justificar seu pertencimento racial, aqueles(as) que mais mencionam à miscigenação familiar ou existente no Brasil.

Como se pode observar na Tabela 8 a seguir, dos 484 candidatos(as) indeferidos, ou seja, que não foram lidos pela banca como pessoas com fenótipo de pessoa negra, 61,2% fizeram referências à miscigenação como forma de sustentar seu pertencimento racial. Entre os indeferidos, 78% daqueles(as) que mobilizaram o argumento de fenótipo e ascendência fizeram referências à miscigenação como forma de sustentar seu pertencimento racial, e 64,9% daqueles(as) que mobilizaram apenas o argumento da ascendência fizeram referências à miscigenação. Por outro lado, apenas 25,6% daqueles(as) candidatos(as) indeferidos(as) que mobilizaram apenas o argumento do fenótipo para justificar sua identificação racial fizeram referências à miscigenação.

Tabela 8 – Justificativas e referências à miscigenação (por resultado final)

Resultado final	Justificativas	Referências à miscigenação		
		Sim	Não	Total
Indeferido(a)	Fenótipo e ascendência	192 (78% - 64,9%)	54 (22% - 28,7%)	246 (100% - 50,8%)
	Identidade negra	14 (50% - 4,7%)	14 (50% - 7,4%)	48 (100% - 5,8%)
	Fenótipo	23 (25,6% - 7,8%)	67 (74,4% - 35,6%)	90 (100% - 18,6%)
	Outras justificativas	30 (47,6% - 10,1%)	33 (52,4% - 17,6%)	63 (100% - 13%)
	Ascendência	37 (64,9% - 12,5%)	20 (35,1% - 10,6%)	57 (100% - 11,8%)
	Total	296 (61,2% - 100%)	188 (38,8% - 100%)	484 (100% - 100%)
Confirmado(a)	Fenótipo e ascendência	92 (34,6% - 51,1%)	174 (65,4% - 30,2%)	266 (100% - 35,2%)
	Identidade negra	33 (17,5% - 18,3%)	156 (82,5% - 27,1%)	189 (100% - 25%)
	Fenótipo	22 (11,6% - 10%)	167 (88,4% - 26,6%)	189 (100% - 22,3%)
	Outras justificativas	23 (24,2% - 12,8%)	72 (75,8% - 12,5%)	95 (100% - 12,5%)
	Ascendência	11 (30,6% - 6,1%)	25 (69,4% - 4,3%)	36 (100% - 4,8%)
	Total	180 (46,2% - 100%)	576 (53,8% - 100%)	756 (100% - 100%)

Fonte: Elaboração própria.

Entre os(as) 756 candidatos(as) confirmados(as), a tendência que se observa é bem diferente daquela que se observa entre os indeferidos(as), já que apenas 46,2% fizeram referências à miscigenação como forma de sustentar seu pertencimento racial. Entre os(as) confirmados(as), os percentuais mais elevados de referências à miscigenação também foram observados entre aqueles(as) que mobilizaram o argumento de fenótipo e ascendência, articulados, e o argumento de ascendência como forma de sustentar seu pertencimento racial: 34,6% e 30,6%, respectivamente. Já entre os(as) candidatos(as) confirmados(as) que mobilizaram o argumento da identidade negra, 17,5% fizeram referências à miscigenação, e entre aqueles(as) que mobilizaram apenas o argumento do fenótipo, apenas 11,6% se referiram à miscigenação para justificar sua identificação racial.

Nota-se, portanto, nos dados apresentados ao longo deste capítulo, que estes contribuem para reforçar a sustentação teórica apresentada ao longo do Capítulo 1: a de que a ideia de miscigenação, concreta ou metafórica, exerce um significativo papel na construção da identificação racial dos(as) candidatos(as). Tal hipótese, todavia, merece ser melhor investigada, já que foi impossível para este estudo compreender os impactos específicos do procedimento de heteroidentificação racial e da elaboração da Carta Consubstanciada na manipulação de justificativas vistas como mais ou menos adequadas para convencer ou influenciar os membros da Comissão de Heteroidentificação ou outros representantes da UFMG imaginados como possíveis leitores desses documentos.

Capítulo 4

Análise crítica dos procedimentos de heteroidentificação na UFMG: avaliados, avaliadores e medidas judiciais

Como procurei mostrar em meu trabalho de conclusão do curso de doutoramento em Educação, intitulado *Ações afirmativas, educação e relações raciais: conservação, atualização ou reinvenção do Brasil?*, o debate público em torno da existência ou não de raças ganhou bastante centralidade nas disputas em torno da implementação de políticas públicas para a população negra no ensino superior. Como discuti na tese e mencionei na introdução deste livro, durante a década de 2000 boa parte dos debates em torno da constitucionalidade das políticas de reserva de vagas para negros, visibilizados durante a Audiência Pública convocada pelo Supremo Tribunal Federal no ano de 2010, centraram-se na existência ou não de raças. Naquela ocasião, o pronunciamento de um professor do Departamento de Ciências Biológicas da UFMG, o geneticista Sérgio Penna, figurou como uma espécie de guia dos pronunciamentos contrários às cotas que viriam na sequência.

> Há um trabalho fundamental, com quase quarenta anos, feito por Richard Lewontin, nos Estados Unidos. Na época, ele estudou a variabilidade genética de várias regiões genéticas e separou, usando técnicas estatísticas, a variabilidade dentro das populações, dentro das

chamadas raças entre populações e entre as raças. O que ele observou? 85,4% da variação genética humana estava contida dentro das populações. Apenas 6,3% da variação genética ocorriam entre as chamadas raças. Este e muitos outros estudos mostram que do ponto de vista biológico não ocorreu diferenciação significativa de grupos humanos, ou seja, as chamadas raças. Podemos, assim, afirmar que do ponto de vista científico raças humanas não existem. Alguém poderia perguntar: Se raças não existem, como então é possível inferir com alta probabilidade que essa bela jovem é africana e não escandinava? Não é apropriado falar aqui de raça e sim de variações de pigmentação da pele e de característica morfológicas que representam adaptações evolucionárias às condições locais. Raças não existem, cores de pele existem, mas são coisas diferentes e não devem ser confundidas e nem misturadas em nenhum tipo de discurso (STF, 2010, p. 158-159).

A centralidade que os argumentos referentes ao genoma humano ganharam na reportagem de capa da edição 2011 da revista *Veja*, uma das mais importantes revistas semanais do país, indica o alcance potencial do argumento apresentado por Sérgio Pena, não apenas no campo acadêmico, mas também entre a opinião pública brasileira. Estampada com letras garrafais, a manchete apresentada pela edição do dia 6 de junho de 2007 era taxativa: "Gêmeos idênticos, Alex e Alan foram considerados pelo sistema de cotas como BRANCO e NEGRO. É mais uma prova de que RAÇA NÃO EXISTE" (ZAKABI; CAMARGO, 2007, grifos do original).

O episódio envolvendo os gêmeos que se inscreveram no vestibular da Universidade de Brasília através do sistema de cotas foi amplamente noticiado e debatido pela mídia impressa e televisiva no ano de 2007 e nos anos subsequentes. Entrevistado pela banca responsável por avaliar as inscrições dos candidatos nessa modalidade, um dos estudantes foi considerado apto a concorrer pelo sistema de cotas, e o outro, não. Ao mesmo tempo que utilizam a matéria para relatar o episódio, suas autoras se posicionam contrariamente às políticas de cotas na UNB e, de modo extensivo, às políticas implementadas nas demais instituições de ensino superior brasileiras.

Ao escolherem, como argumento principal do texto, a negação do conceito de raça e de sua validade biológica, as autoras argumentam que o projeto de separar os brasileiros e definir seus direitos com base na "raça", além de representar uma afronta à Constituição, tratando negros e brancos de forma desigual, é também um disparate científico. Argumentam que "Sérgio Pena [...] divulgou na semana passada um outro estudo, feito em parceria com a BBC Brasil, mostrando que várias celebridades negras brasileiras também têm forte ascendência europeia" (ZAKABI; CAMARGO, 2007). Desse modo, por meio da contestação da validade biológica das raças, as autoras constroem seu argumento contra a legalidade, a viabilidade e os critérios de justiça que sustentariam as políticas de reserva de vagas para estudantes negros em cursos superiores de universidades brasileiras.

> Alan e Alex são gêmeos univitelinos, ou seja, foram gerados no mesmo óvulo e, fisicamente, são idênticos. Eles se inscreveram no sistema de cotas por acreditar que se enquadram nas regras, já que seu pai é NEGRO e a mãe, BRANCA. Seria de esperar que ambos recebessem igual tratamento (ZAKABI; CAMARGO, 2007, grifos do original).

Apesar da enfática crítica que fazem à utilização do conceito biológico de raças, bem como a seu alegado uso para identificar e diferenciar brasileiros negros e brancos, é possível perceber como as referências implícitas às categorias fenotípicas possibilitam que os leitores identifiquem, tal como fizeram as autoras, o pai negro e a mãe branca. Cabe destacar aqui o fato de que as autoras utilizam na reportagem, como fazem boa parte dos brasileiros nas relações sociais cotidianas, a noção socialmente compartilhada capaz de identificar indivíduos fenotipicamente mais escuros como pertencentes ao grupo social de pessoas negras e indivíduos fenotipicamente mais claros como pertencentes ao grupo social de pessoas brancas. O próprio Sérgio Pena, ao fazer referência ao modo como as pessoas se relacionam com as diferenças fenotípicas, reconhece que as representações sociais e os julgamentos valorativos acerca de grupos e indivíduos nem sempre levam em consideração as mais recentes descobertas da genética.

> Mesmo não tendo o conceito de raças pertinência biológica alguma, ele continua a ser utilizado, qual construção social e cultural, como um instrumento de exclusão e opressão. Independente dos clamores da genética moderna de que a cor do indivíduo é estabelecida por apenas um punhado de genes totalmente desprovidos de influência sobre a inteligência, talento artístico ou habilidades sociais, a pigmentação da pele ainda parece ser um elemento predominante da avaliação social de um indivíduo e talvez a principal fonte de preconceito (PENA; BORTOLINI, 2004, p. 46).

Ao fazer referências ao uso do conceito de raça como sustentáculo dos processos de exclusão e opressão, Pena e

Bortolini (2004) se aproximam, conscientemente ou não, do conceito de raça social (GOMES, 2005; GUIMARÃES, 1995; MUNANGA, 2004) e do conceito de racismo de marca elaborado por Oracy Nogueira na década de 1950 e rediscutido por uma série de pesquisadores contemporâneos.

Para Nilma Lino Gomes, quando o Movimento Negro e pesquisadores do campo das ciências humanas utilizam o termo *raça*, usam-no com uma nova interpretação, baseando-se, tanto na dimensão social e política do referido termo quanto na percepção de que a discriminação racial e o racismo existentes na sociedade brasileira se baseiam na relação que, em nossa sociedade, se faz entre os aspectos físicos observáveis na estética corporal dos sujeitos e os comportamentos sociais atribuídos a eles.

> No Brasil, quando discutimos a respeito dos negros, vemos que diversas opiniões e posturas racistas têm como base a aparência física para determiná-los como "bons" ou "ruins", "competentes" ou "incompetentes", "racionais" ou "emotivos". Isso de fato é lamentável, mas infelizmente existe! Quem já não ouviu na sua experiência de vida frases, piadinhas, apelidos voltados para as pessoas negras, que associam a sua aparência física, ou seja, cor da pele, tipo de cabelo, tipo de corpo, a um lugar de inferioridade? Ou à sexualidade fora do normal? (GOMES, 2005, p. 45).

Ao fazer referências ao aspecto compartilhado deste imaginário negativo sobre as pessoas negras, Gomes indica que tais conceitos racistas são, ao mesmo tempo, aprendidos e ensinados. Trata-se, portanto, de um conjunto de representações que não são individuais, mas coletivas, já que "a raça é aqui entendida como construção social que marca, de forma estrutural e estruturante, as sociedades latino-americanas, em especial, a brasileira" (GOMES, 2012, p. 1).

Baseados nessa compreensão de que a raça e o racismo, além de se organizarem como ferramentas de organização do mundo social, organizam também nossos pensamentos, proporcionando a cada um de nós as ferramentas cotidianas para classificar e hierarquizar os outros, é que construímos o procedimento de heteroidentificação. Ao contrário de outras instituições, que decidiram recrutar especialistas no campo das relações raciais para compor as bancas de heteroidentificação racial, nossa decisão foi convidar pessoas da comunidade acadêmica que, embora não necessariamente fossem definidas como especialistas, tinham alguma aproximação prévia com o tema das relações étnico-raciais, de gênero, de sexualidade ou de direitos humanos. Desta forma, colocamos em prática a compreensão de que todo brasileiro, inserido em uma sociedade racializada e racista como a nossa, é um "especialista" em heteroidentificações raciais, já que a associação de características fenotípicas a determinados grupos sociais, como a referência feita por meio da revista *Veja* à mãe e ao pai dos gêmeos Alan e Alex, é algo que atravessa boa parte de nossas experiências cotidianas.

Importante destacar, porém, que, diferentemente do que acontece nas relações sociais cotidianas, os procedimentos de heteroidentificação racial dependem, necessariamente, do estabelecimento de princípios, da identificação do público-alvo e da definição de critérios. O princípio fundamental é que o procedimento de heteroidentificação não se "define" como uma verificação, uma busca pela verdade, já que se trata de um procedimento complementar à autodeclaração. No que se refere ao público alvo, trata-se de identificar aqueles candidatos socialmente vistos como pessoas negras, considerando a variabilidade interna desse grupo (pretos e pardos), e no que se refere aos critérios da heteroidentificação cabe reforçar que eles se restringem ao conjunto de características fenotípicas visíveis no corpo dos(as) candidatos(as).

Nesse sentido, o objetivo deste quarto capítulo é mostrar como é possível realizar procedimentos de heteroidentificação racial que, reconhecendo as dimensões subjetivas dos avaliadores, mostrem-se válidas e confiáveis. Deste modo, iremos mostrar como as avaliações fenotípicas dos membros das comissões, mesmo quando não se baseiam em um consenso dialogado sobre o pertencimento racial dos candidatos, tendem à convergência, indicando a existência de um senso compartilhado, capaz de associar determinadas características fenotípicas a determinados grupos sociais. Importante mencionar aqui, mais uma vez, que não é função dos membros da Comissão de Heteroidentificação definir a identidade racial dos(as) candidatos(as), ou mesmo definir sua categoria racial nos casos em que eles(as) não são identificados(as) como pessoas negras, público-alvo da política. Como já afirmei antes, como a missão da comissão é identificar se as características fenotípicas do(a) candidato(a) permitem ou o(a) constrangem a ser visto(a) como parte do público-alvo da política – isto é, negros e negras –, a recomendação feita aos membros era a de não se preocuparem com a alocação dos candidatos indeferidos em um outro grupo racial específico.

Sim, é possível saber quem é negro (no Brasil) nos procedimentos de heteroidentificação!

A Tabela 9 a seguir, que mostra os números absolutos de candidatos presentes e ausentes no conjunto das chamadas regulares e recursais, nos ajuda a compreender o volume de trabalho realizado pela comissão ao longo do procedimento de heteroidentificação, bem como as diferenças nas taxas de comparecimento e ausência nas diferentes etapas do processo e também entre os diferentes grupos de cor. Podemos perceber, por exemplo, que entre aqueles(as) que se autodeclararam pretos(as), pardos(as) ou indígenas no momento do registro acadêmico, em que os(as) candidatos(as) aprovados(as) preenchem os dados necessários à realização do cadastro inicial na UFMG, a taxa de comparecimento girou em torno de 85%. A exceção se refere aos(às) candidatos(as) sem informação racial que, embora tenham sido classificados(as) entre as vagas reservadas para negros e indígenas, não realizaram o cadastro prévio no site da UFMG e, portanto, não informaram dados de raça/cor.

Tabela 9 – Taxa de comparecimento por cor autodeclarada

Chamadas regulares e Recurso	Autodecla-ração	Comparecimento		Total
		Ausente	Presente	
Chamadas regulares	Preta	41 12,8%	280 87,2%	321 100,0%
	Parda	170 14,8%	977 85,2%	1147 100,0%
	Indígena	4 13,8%	25 86,2%	29 100,0%
	Sem infor-mação	79 97,5%	2 2,5%	81 100,0%
	Total	294 18,6%	1284 81,4%	1578 100,0%

Chamadas regulares e Recurso	Autodecla-ração	Comparecimento		Total
		Ausente	Presente	
Recursos	Preta	0 0,0%	4 100,0%	4 100,0%
	Parda	47 12,4%	333 87,6%	380 100,0%
	Indígena	0 0,0%	5 100,0%	5 100,0%
	Sem infor-mação	0 0,0%	1 100,0%	1 100,0%
	Total	47 12,1%	343 87,9%	390 100,0%

Fonte: Elaboração própria.

Já a Tabela 10 nos apresenta os números absolutos e os percentuais de confirmação e indeferimento por grupos de cor, separados entre chamadas regulares e bancas recursais, apenas daqueles(as) que compareceram ao procedimento de heteroidentificação: 1.284 candidatos, portanto. No conjunto das chamadas regulares, entre aqueles(as) que se autodeclararam pretos, o percentual de confirmação ficou em torno de 98%, e entre os que se autodeclararam indígenas, em torno de 76%, os dois maiores percentuais de confirmação entre quem compareceu. Já durante as bancas recursais, 21,3% dos(as) candidatos(as) que se apresentaram foram confirmados(as), o que alterou a decisão inicial de indeferimento. Entre os(as) indeferidos(as) nessa etapa recursal, autodeclarados pardos e autodeclarados indígenas tiveram um percentual próximo de 80%.

Tabela 10 – Números absolutos e os percentuais de confirmação e indeferimento por grupos de cor

Chamadas regulares e Recurso	Autodeclaração	Resultado		Total
		Indeferido	Confirmado	
Chamadas regulares	Preta	6 / 2,1%	274 / 97,9%	280 / 100,0%
	Parda	486 / 49,7%	491 / 50,3%	977 / 100,0%
	Indígena	6 / 24,0%	19 / 76,0%	25 / 100,0%
	Sem informação	1 / 50,0%	1 / 50,0%	2 / 100,0%
	Total	499 / 38,9%	785 / 61,1%	1284 / 100,0%
Recursos	Preta	2 / 50,0%	2 / 50,0%	4 / 100,0%
	Parda	263 / 79,0%	70 / 21,0%	333 / 100,0%
	Indígena	4 / 80,0%	1 / 20,0%	5 / 100,0%
	Sem informação	1 / 100,0%	0 / 0,0%	1 / 100,0%
	Total	270 / 78,7%	73 / 21,3%	343 / 100,0%

Fonte: Elaboração própria.

Já a Tabela 11 apresenta os placares das bancas realizadas durante as chamadas regulares e as chamadas recursais. Como já disse, a confirmação das matrículas de candidatos que se apresentaram às comissões de heteroidentificação só se torna efetiva caso pelo menos três avaliadores, entre os cinco que compõem as bancas, confirmem a autodeclaração do candidato. No conjunto das chamadas regulares, percebemos que os placares que mais se repetem, em termos percentuais, são os que indicam unanimidade das decisões: 46,9% de decisões de 5 *votos de confirmação e 0 voto de indeferimento* e 22,1% de decisões de *0 voto de confirmação e 5 votos de indeferimento*, totalizando 69% das decisões. Já os placares de maioria absoluta somam 19,1% das decisões totais, e os placares de maioria simples somam apenas 12,5% das decisões, considerando tanto as que implicaram em confirmação quanto as que implicaram em indeferimento.

TABELA 11 – Placares das bancas realizadas durante as chamadas regulares e as chamadas recursais

Chamadas regulares e Recurso	Placar	Frequência	Percentual	Percentual acumulado
Chamadas regulares	0 voto de confirmação e 5 votos de indeferimento	284	22,1	22,1
	1 voto de confirmação e 4 votos de indeferimento	131	10,2	32,3
	2 votos de confirmação e 3 votos de indeferimento	84	6,5	38,9
	3 votos de confirmação e 2 votos de indeferimento	77	6,0	44,9
	4 votos de confirmação e 1 votos de indeferimento	106	8,3	53,1
	5 votos de confirmação e 0 voto de indeferimento	602	46,9	100,0
	Total	1284	100,0	

Chamadas regulares e Recurso	Placar	Frequên-cia	Percen-tual	Percentual acumu-lado
Recursos	0 voto de confirmação e 5 votos de indeferimento	128	37,3	37,3
	1 voto de confirmação e 4 votos de indeferimento	93	27,1	64,4
	2 votos de confirmação e 3 votos de indeferimento	56	16,3	80,8
	3 votos de confirmação e 2 votos de indeferimento	25	7,3	88,0
	4 votos de confirmação e 1 votos de indeferimento	25	7,3	95,3
	5 votos de confirmação e 0 voto de indeferimento	16	4,7	100,0
	Total	343	100,0	

Fonte: Elaboração própria.

A Tabela 11 ainda nos permite observar que, no conjunto das chamadas recursais, a maior concentração de placares está nas situações de indeferimento, totalizando 80,8% das decisões. Tomando apenas os casos de indeferimento (*5 votos de indeferimento e 0 voto de confirmação, 4 votos de indeferimento e 1 voto de confirmação e 3 votos de indeferimento e 2 votos de confirmação*), cerca de 80% dos placares congregam decisões unânimes (46,2% dos(as) indeferidos(as)) e de maioria absoluta (33,6% deles(as)).

Ao analisarmos a distribuição das decisões a partir de um recorte de cor, comparando apenas os autodeclarados pretos e pardos, poderemos observar que a tendência a decisões unânimes e por maioria absoluta de placares pode ser notada não apenas nas chamadas regulares, mas também nas bancas recursais (Tabela 12).

Tabela 12 – Placares pretos e pardos

Chamadas regulares e Recurso	Autode-claração	Placares			Total
		Unanimi-dade	Maioria absoluta	Maioria simples	
Chamadas regulares	Pretos	260 92,9%	14 5,0%	6 2,1%	280 100%
	Pardos	610 62,4%	214 21,9%	153 15,7%	977 100%
	Total	870 69,2%	228 18,1%	159 12,6%	1257 100%
Recurso	Pretos	2 50,0%	2 50,0%	0 0%	4 100%
	Pardos	140 42,0%	115 34,5%	78 23,4%	977 100%
	Total	142 42,1%	117 34,7%	78 23,1%	337 100%

Fonte: Elaboração prórpria.

Todavia, é possível observar, nas chamadas regulares, que nas decisões relativas a candidatos(as) autodeclarados(as) pretos(as), as decisões por unanimidade são superiores a 90%, o que significa dizer que em 92,9% das bancas que heteroidentificaram candidatos(as) pretos(as) todos os avaliadores convergiram nas avaliações. Entre os(as) candidatos(as) autodeclarados(as) pardos(as) que passaram pelas chamadas regulares, em 62,4% dos casos todas as avaliações fenotípicas dos membros da banca convergiram, e em 21,9% dos casos houve apenas um membro que divergiu da maioria. Já nas chamadas recursais, a prevalência de placares unânimes e de maioria absoluta se repetiu, tanto entre os(as) autodeclarados(as) pretos(as) quanto entre os(as) autodeclarados(as) pardos(as).

Já na Tabela 13, na sequência, que apresenta os resultados finais da heteroidentificação e compara os placares entre os grupos de cor, podemos observar que, entre os confirmados, 90% dos placares congregam decisões unânimes (77%) e de maioria absoluta (33,6%), e que, entre os indeferidos, quase 85% dos placares congregam decisões unânimes (57,1%) e de maioria absoluta (26,2%).

Tabela 13 – Resultados finais da heteroidentificação: chamadas regulares

Resultado	Autodecla-ração	Placares			Total
		Unani-midade	Maioria absoluta	Maioria simples	
Confirmado	Pretos	257 93,8%	13 4,7%	4 1,5%	274 100%
	Pardos	332 67,6%	86 17,5%	73 14,9%	491 100%
	Total	589 77%	99 13%	77 10%	765 100%
Indeferido	Pretos	3 50%	1 16,60%	2 33,3%	6 100%
	Pardos	278 57,2%	128 26,3%	80 16,4%	486 100%
	Total	281 57,1	129 26,2%	82 16,6%	492 100%

Fonte: Elaboração própria.

Ainda no que se refere aos dados apresentados na Tabela 13, destacamos que, na ampla maioria das situações observadas (confirmações de autodeclarados pretos, confirmações de autodeclarados pardos e indeferimentos de autodeclarados pardos), o percentual de decisões por maioria simples (3 votos de confirmação ou indeferimento contra 2 votos de indeferimento ou confirmação, respectivamente) não ultrapassou a casa dos 17%.

De modo geral, o conjunto de dados apresentados nas tabelas apresentadas parece indicar uma tendência convergente nas decisões sobre as características fenotípicas dos candidatos que se apresentam ao procedimento de heteroidentificação, mesmo sem que haja uma discussão prévia em torno das avaliações individuais. Nesse sentido, embora tenhamos percebido que as avaliações fenotípicas dos autodeclarados pretos evidenciaram uma maior homogeneidade do que a dos pardos, implicando em um percentual de decisões unânimes e por maioria absoluta mais elevadas, podemos notar que as decisões por unanimidade e por maioria absoluta relativas aos autodeclarados pardos também se mostram elevadas, variando entre 75 e 85%.

Ao mesmo tempo que os dados apresentados acima evidenciam que a observância dos três eixos norteadores dos procedimentos de heteroidentificação é capaz de produzir heteroidentificações convergentes, resta-nos perguntar se essa tendência convergente se mantém quando levamos em consideração os diferentes lugares sociais (de raça, gênero e posição na universidade) de onde as pessoas leem o mundo, que poderiam influenciar nos modos de heteroidentificar candidatos(as). É o que procurarei responder no próximo tópico.

Sim, é possível construir avaliações convergentes nos procedimentos de heteroidentificação!

Como já mencionado anteriormente, o ano de 2017 foi o período em que os debates públicos sobre fraudes em cotas vieram à tona na UFMG. Entre os meses de setembro e outubro de 2017, logo após a divulgação das denúncias entregues à UFMG, uma série de reportagens foram produzidas pelos principais veículos midiáticos da cidade de Belo Horizonte. Rayza Sarmento e Matheus Freitas, em artigo publicado em 2020, discutem, por meio de uma pesquisa empírica, como os casos de fraudes nas cotas para pessoas negras e indígenas foram veiculados nos sites dos grandes jornais de Minas Gerais.

Entre as diferentes matérias jornalísticas analisadas por eles, a reportagem intitulada "Governo reage a fraudes em cotas raciais nas universidades e vai criar portaria", veiculada pelo jornal *Hoje em Dia* em 26 de setembro de 2017, nos interessa mais de perto. Buscando repercutir as denúncias apresentadas no período, os jornalistas Mariana Durães e Raul Mariano entrevistaram denunciados por fraudes, estudantes e gestores da UFMG e um representante da Secretaria Especial de Políticas de Promoção da Igualdade Racial (SEPPIR). De acordo com Freitas e Sarmento,

> Em sete matérias, foram ouvidas fontes classificadas como governo federal, representado nesse conjunto de textos por três pessoas específicas: a então Ministra dos Direitos Humanos, Luislinda Valois, a ouvidora Luana Vieira e o secretário Juvenal Araújo, ambos da Secretaria de Políticas de Promoção da Igualdade Racial (SEPPIR). O argumento do governo federal girou

> em torno da necessidade da criação do mecanismo de verificação, citando especialmente uma orientação do Supremo Tribunal Federal (STF). Há a culpabilização da UFMG enquanto instituição por não ter instituído a banca e uma resposta de que o governo iria elaborar uma portaria para disciplinar os casos e evitar as fraudes (SARMENTO; FREITAS, 2020, p. 284).

Na parte final da matéria, em fala atribuída ao secretário da SEPPIR, Juvenal Araújo, os jornalistas afirmam que "a Secretaria Nacional de Políticas de Promoção da Igualdade Racial (SEPPIR) considera a autodeclaração insuficiente, por ser subjetiva e acabar abrindo brechas para fraudes". Concordamos com o secretário que a autodeclaração racial é subjetiva, já que está relacionada a sentimentos e com a forma como interagimos com tais sentimentos. Entretanto, compreende-se que a presença da subjetividade não é motivo para que a autodeclaração seja tomada como frágil ou falsa. Importante destacar, portanto, que a criação de procedimentos complementares à heteroidentificação racial na UFMG não foi motivada pela compreensão de que "a autodeclaração é insuficiente, e, por isso, acaba abrindo brechas para fraudes". Tal compreensão, aliás, é bastante problemática, sobretudo emitida por um representante governamental que, à época, era responsável pela elaboração e pelo acompanhamento de políticas públicas para populações quilombolas em que o autorreconhecimento quilombola é um requisito fundamental para reinvindicação de uma série de direitos. Além disso, entendemos que a recomendação de bancas de verificação como forma de superar a subjetividade atribuída às autodeclarações cria uma falsa expectativa de que a observação externa de características fenotípicas, feita por meio de comissões de "verificação", poderia ser mais objetiva e, portanto, mais próxima da verdade.

De nossa parte, entendemos que a heteroidentificação racial, feita por uma pessoa ou por uma comissão (com três ou cinco pessoas) também é subjetiva, e nem por isso se torna frágil ou insuficiente. Compreendo que este modo de pensamento, que tende a vincular objetividade e verdade, por um lado, e subjetividade e ausência da verdade, por outro, se articula com os modos pelos quais as concepções de subjetividade foram construídas e compartilhadas na modernidade: "[...] nós, sujeitos modernos contemporâneos (se é que ainda somos modernos), estamos submetidos a formas históricas de subjetividade: a individualidade, correlativa do discurso liberal, do estatuto do indivíduo e do próprio capitalismo" (PRADO FILHO; MARTINS, 2007). Assim, ao negar tal compreensão, de que a subjetividade é uma característica interna e estritamente individual, reforçamos nosso entendimento de que a subjetividade é produzida como resultado de um processo histórico e coletivamente produzido, e assim procuramos construir um procedimento de heteroidentificação racial baseado no conceito de consenso intersubjetivo, capaz de, a um só tempo, reconhecer a dimensão subjetiva presente nas avaliações fenotípicas dos membros das comissões e também forjar um método de avaliação capaz de definir o público-alvo da política, estabelecer princípios para o funcionamento das comissões e definir critérios para a avaliação.

Se na seção 4.1 deste capítulo é possível observar como a ênfase que demos nos eixos estruturadores do procedimento de heteroidentificação durante o processo formativo dos membros das comissões foi capaz de garantir a predominância de avaliações convergentes, nesta seção irei analisar como o compartilhamento e a operacionalização desses eixos é capaz de neutralizar os possíveis efeitos que os diferentes lugares sociais, de onde as pessoas falam e olham o mundo, teriam nos modos de avaliar o conjunto de características fenotípicas dos candidatos. Avaliaremos, nesta seção 4.2, 8.135 casos, já que não considerarei apenas o número de "entrevistas" realizadas (1.284 nas chamadas regulares e 343 nas chamadas recursais), mas o número de decisões. Considerando a presença de cinco avaliadores em cada banca, chegaremos a um número de casos cinco vezes maior do que o número de entrevistas realizadas, o que equivale a 8.135 casos.

Na Tabela 14, podemos observar como os votos dos avaliadores, comparados por sexo, se distribuem no conjunto. Embora possamos observar que o número de decisões de mulheres (5.322) tenha sido quase o dobro das decisões de homens (2.813), o que evidencia a maior adesão de mulheres aos procedimentos de heteroidentificação da UFMG no ano de 2019, é possível notar que os percentuais referentes às decisões por unanimidade, por maioria absoluta e por maioria simples, são muito semelhantes.

Tabela 14 – Tendências de decisões, por sexo

Sexo	Placares			Total
	Unanimidade	Maioria absoluta	Maioria simples	
Feminino	3.345	1.176	801	5.322
	62,8%	22,1%	15,1%	100,0%
Masculino	1.810	594	409	2.813
	64,3%	21,1%	14,5%	100,0%
Total	5.155	1.770	1.210	8.135
	63,3%	21,8%	14,9%	100,0%

Fonte: Elaboração própria.

Entre as mulheres, 62,8% das decisões foram realizadas em situações de unanimidade, 22,1% o foram em situações de maioria absoluta e 15,1% em situações de maioria simples. Entre os homens, 64,3% das decisões foram realizadas em situações de unanimidade, 21,1% o foram em situações de maioria absoluta e 14,5% em situações de maioria simples.

A mesma tendência observada na tabela anterior pode ser observada ao levarmos em consideração os segmentos da universidade aos quais os avaliadores estão vinculados. Embora possamos observar uma maior presença de estudantes entre os avaliadores, o que evidencia a maior adesão desse grupo nos procedimentos de heteroidentificação da UFMG no ano de 2019, a maior ou menor participação de determinados segmentos não parece impactar os modos de avaliação.

Tabela 15 – Tendências de decisões, por segmento

Segmento	Placares			Total
	Unanimidade	Maioria absoluta	Maioria simples	
Estudante	2.305 63,0%	779 21,3%	575 15,7%	3.659 100,0%
Técnico-administrativo	1.616 65,3%	535 21,6%	323 13,1%	2.474 100,0%
Docente	1234 61,6%	456 22,8%	312 15,6%	2.002 100,0%
Total	5.155 63,3%	1.770 21,8%	1.210 14,9%	8.135 100,0%

Fonte: Elaboração própria.

Entre as mulheres, 62,8% das decisões foram realizadas em situações de unanimidade, 22,1% foram em situações de maioria absoluta e 15,1% em situações de maioria simples. Entre os homens, 64,3% das decisões foram realizadas em situações de unanimidade, 21,1% foram em situações de maioria absoluta e 14,5% em situações de maioria simples.

De modo similar, podemos observar que a idade dos avaliadores também não parece interferir no modo como se distribuem as decisões.

Tabela 16 – Tendências de decisões, por faixa etária

Faixa etária	Placares			Total
	Unanimidade	Maioria absoluta	Maioria simples	
Até 29 anos	1.571	583	386	2.540
	61,8%	23,0%	15,2%	100,0%
De 30 a 49 anos	2.445	770	585	3.800
	64,3%	20,3%	15,4%	100,0%
Acima de 49 anos	1.139	417	239	1.795
	63,4%	23,2%	13,3%	100,0%
Total	5.155	1.770	1.210	8.135
	63,3%	21,8%	14,9%	100,0%

Fonte: Elaboração própria.

Quando observamos a distribuição dos placares levando em consideração a raça/cor autodeclarada pelos avaliadores (Tabela 17), percebemos uma tendência à convergência já observada nas tabelas anteriores.

Tabela 17 – Placares por raça/cor

Cor/Raça dos avaliadores	Placares			Total
	Unanimidade	Maioria absoluta	Maioria simples	
Pretos	2.516 64,1%	846 21,6%	560 14,3%	3.922 100,0%
Pardos	1.070 63,7%	346 20,6%	262 15,6%	1.678 100,0%
Brancos	1.569 61,9%	578 22,8%	388 15,3%	2.535 100,0%
Total	5.155 63,3%	1.770 21,8%	1.210 14,9%	8.135 100,0%

Fonte: Elaboração própria.

Entre os avaliadores autodeclarados pretos, 64,1% das decisões foram realizadas em situações de unanimidade, 21,6% em situações de maioria absoluta e 14,3% em situações de maioria simples. Entre os avaliadores autodeclarados pardos, 63,7% das decisões foram realizadas em situações de unanimidade, 20,6% em situações de maioria absoluta e 15,6% em situações de maioria simples. Entre os avaliadores autodeclarados brancos, 61,9% das decisões foram realizadas em situações de unanimidade, 22,8% em situações de maioria absoluta e 15,3% em situações de maioria simples.

O conjunto de dados apresentados acima e representados nas tabelas 14, 15, 16 e 17 evidenciam que as divergências entre as decisões, no caso das decisões por maioria absoluta ou por maioria simples, parecem estar mais associadas às características fenotípicas dos(as) candidatos(as) do que às características dos avaliadores. Neste sentido, as dúvidas (sim, elas existiram!) que os avaliadores enfrentaram nos momentos de encontro com os(as) candidatos(as) não são resultado da insegurança em relação aos eixos norteadores, mas da heterogeneidade de alguns(mas) candidatos(as).

"Uma aula do que não se deve fazer": múltiplos critérios na mesma decisão judicial

Em artigo intitulado "As comissões de verificação e o direito à (dever de) proteção contra a falsidade de autodeclarações raciais", a promotora de justiça do Ministério Público do Estado da Bahia, Lívia Maria Santana e Sant'Anna Vaz, nos chama a atenção, entre outros aspectos, para a importância de que os atos administrativos de indeferimento conduzidos pelas comissões de heteroidentificação racial sejam adequadamente motivados.

> A decisão da comissão de verificação – independentemente de confirmar ou não a autodeclaração – resulta na emissão de ato administrativo que nega, limita ou afeta direitos e interesses. Imprescindível, portanto, que as decisões da comissão sejam devidamente motivadas, sob pena de serem judicialmente invalidadas. Se o fenótipo é o critério a ser apreciado quando da verificação da veracidade da autodeclaração racial, o ato administrativo que ratifica ou refuta a condição declarada pelo candidato deve apresentar motivação nesse sentido, estabelecendo se o conjunto de características fenotípicas do candidato corresponde às características fenotípicas de uma pessoa considerada socialmente negra no contexto local em questão (VAZ, 2018, p. 61).

Segundo Vaz, a motivação do ato administrativo precisa "apresentar fundamentação baseada em critérios objetivos capazes de justificar a exclusão do candidato do certame". Na UFMG, desde o ano de 2019, incorporamos a exigência de justificativa para os atos de indeferimentos. Desde a primeira experiência de heteroidentificação, entendemos que a elaboração das decisões motivadas, aliadas à diversidade interna das comissões e aos três eixos norteadores dos procedimentos, têm sido responsáveis pelos resultados majoritariamente positivos nos casos de contestações jurídicas.

Ao recebermos questionamentos judiciais sobre os resultados de determinados(as) candidatos(as) que, no exercício de seu direito, impugnam judicialmente a decisão da UFMG, construímos a "cultura" de compartilhar com os magistrados o perfil das bancas avaliadoras (na dimensão de gênero, pertencimento racial, segmento universitário) e o conjunto de justificativas de indeferimento dos(as) referidos(as) candidatos(as).

Em boa parte dos casos, em que candidatos(as) impetraram mandado de segurança contra a decisão da Comissão Complementar à Autodeclaração da UFMG, as liminares concedidas pelos juízes foram cassadas após a resposta elaborada pela Procuradoria Jurídica da UFMG a partir dos dados elaborados e organizados pela comissão. Como já afirmei anteriormente, a explicitação dos pressupostos que organizaram o ato administrativo complementar à autodeclaração, a unificação dos critérios de análises e a motivação para os atos administrativos cumpriu importante papel nessas análises favoráveis à UFMG. De modo mais específico, penso que a definição de um critério único de análise (conjunto de características fenotípicas), ao mesmo tempo que garante convergência nas validações realizadas, poderia contribuir para o letramento racial do Poder Judiciário, evitando decisões curiosas, como a expressa nos autos do processo n.º 5.022.677-97.2018.4.04.7100/RS, da 10ª Vara Federal de Porto Alegre – SJRS, movida por L. T. R. em face da Universidade Federal do Rio Grande do Sul.

No processo, L. afirma ter sido aprovada no processo seletivo da UFRGS, no ano de 2018, para o curso de Relações Internacionais, na modalidade de reservas de vagas para candidatos autodeclarados pretos, pardos ou indígenas, com renda familiar bruta *per capita* igual ou inferior a 1,5 salário mínimo e que tenham cursado integralmente o ensino médio em escolas públicas. Como requisito para a confirmação de sua matrícula, a candidata relata que se submeteu à banca de heteroidentificação e foi indeferida, sob o fundamento de que "o candidato não foi aferido(a) como preto(a) ou pardo(a) pela comissão". Ao ingressar com a ação, defendeu a ilegalidade dos critérios de aferição, sustentando

> que é parda, descendente de avó e bisavós pretas e mãe mulata. Invoca, ainda, a teoria do fato consumado, alegando que seu irmão bilateral, que possui a mesma carga genética, ingressou na UFRGS pelo sistema de cotas, autodeclarado pardo, e atualmente cursa o 5º semestre do curso de Engenharia da Computação, não sendo minimamente plausível, tampouco legal, que um irmão tenha assegurado seu ingresso na UFRGS pelo sistema de cotas raciais, na condição de PARDO e o outro não (BRASIL, 2020).

Em decisão de primeira instância, a juíza federal Ana Maria Wickert Theisen julgou improcedente o pedido da candidata por reconhecer a legalidade do ato administrativo, que observou os termos do edital quanto aos critérios de funcionamento da comissão de heteroidentificação.

> Como se vê, o Edital do certame dispôs expressamente, com base na Decisão CONSUN 268/2012, com as alterações introduzidas pela Decisão nº 212/2017, que no caso de candidatos autodeclarados pretos, pardos ou indígenas, a autodeclaração étnico-racial seria avaliada por Comissão Permanente de Verificação da Autodeclaração Étnico-racial e que, para tanto, observar-se-iam os traços fenotípicos do candidato. Vê-se, portanto, que o Edital adotou o fenótipo, e não o genótipo, para a análise do grupo racial, de tal sorte que, muito embora a autora conte com ancestrais negros na família, este fato não se mostra suficiente para lhe garantir a disputa pelas vagas na condição de cotista. O critério estaria justificado porque, normalmente, é a aparência do indivíduo que atrai para si atitudes sociais discriminatórias, donde resulta que a avaliação das suas características físicas seria o critério mais adequado para autorizar a concorrência às vagas reservadas. Trata-se de estabelecer, a partir do exame das características étnicas mais evidentes (fenotipia), se o candidato se inclui como beneficiário da política de quotas raciais. Ao participar do processo seletivo, a candidata estava ciente da necessidade de comprovar o cumprimento de todos os requisitos estabelecidos no edital correspondente. Nesse enfoque, entendo que a candidata deve cumprir integralmente as regras do instrumento regulamentador do certame e, não satisfazendo os requisitos nele previstos, se sujeita às suas consequências (BRASIL, 2020).

A magistrada salientou, ainda, que é "de todo inadmissível que o juízo substitua a avaliação da comissão, instituída para tal finalidade, quanto à apresentação, ou não, pelo candidato, dos fenótipos característicos da raça negra, sob pena de ofensa aos princípios da separação dos poderes e da isonomia".

Após o processo ser julgado improcedente em primeira instância, a candidata interpôs recurso de apelação que foi analisado pela 3ª Turma do Tribunal Regional da 4ª Região. Embora a turma seja composta por três julgadoras – número inferior, portanto, ao de integrantes das comissões de heteroidentificação da UFRGS –, a decisão em segunda instância também foi por maioria.

> Vistos e relatados estes autos em que são partes as acima indicadas, a Egrégia 3ª Turma do Tribunal Regional Federal da 4ª Região decidiu, por maioria, vencida a Des. Federal MARGA BARTH TESSLER dar provimento ao recurso de apelação para julgar procedente o pedido, anulando a decisão da Comissão Permanente de Verificação da Autodeclaração Étnico-Racial da UFRGS, que não homologou a sua autodeclaração como apta às quotas raciais modalidade L2 e, na ausência de outro óbice, reconhecendo o direito à matrícula, nos termos do relatório, votos e notas de julgamento que ficam fazendo parte integrante do presente julgado (BRASIL, 2020).

Além de destacar que a decisão favorável alcançada pela candidata no âmbito da segunda instância do TRF4, creio ser importante mencionar os elementos argumentativos mobilizados pela desembargadora federal Vânia Hack de Almeida ao contestar a decisão da Comissão de Heteroidentificação, acolhendo e legitimando os argumentos mobilizados pela candidata na petição inicial. Ao centrar seu julgamento na ancestralidade, realizando, inclusive, um procedimento de heteroidentificação, por meio de fotografias dos familiares da candidata, a relatora julga o caso a partir de critérios diversos da banca instituída pela universidade.

> Em que pese os traços fenótipos serem critérios primordiais para a aferição da validade da autodeclaração, não se olvida que a primazia da autodeclaração busca justamente assegurar ao indivíduo que, ainda que não detenha traços externos marcantes, tenha experimentado os efeitos nefastos do preconceito racial durante seu desenvolvimento humano. Não se está a admitir, como não se admite pela legislação, que a hereditariedade seja critério subsidiário a tanto. Mas que, em hipóteses para as quais os traços fenótipos sejam objeto de controvérsia, é dizer, que a heteroidentificação realizada pela Administração vá de encontro ao conteúdo da autodeclaração do candidato, seja permitido que este demonstre que, a despeito da controvérsia concreta acerca da fenotipia, (há outros elementos que validem sua autodeclaração). Justamente no caso dos autos, o conjunto fotográfico dá conta da ancestralidade negra da família de L., o que, somado ao fato de seu irmão bilateral já ter sido aceito na mesma universidade pelo sistema de cotas, confirma seu direito a, na qualidade de pessoa parda em razão de características fisionômicas apresentadas, ingressar nos bancos acadêmicos da UFRGS, de forma que o recurso de apelação merece acolhido (BRASIL, 2020).

Depois de solicitar vista para melhor exame do parecer da relatora, a desembargadora Marga Barth Tessler escreveu, em sua decisão "vencida":

> A Comissão da UFRGS é composta por 16 membros, entre eles pessoas com qualificação técnica em antropologia e sociologia, e esta magistrada, isoladamente e subjetivamente, não tem condições de dizer se alguém é pardo ou não. O certo é que a autora não obteve nenhum voto, nem dos discentes negros. Não houve ilegalidade. A Comissão atuou com autonomia e utilizando seus critérios com justificativa (BRASIL, 2020).

Em sua curta, mas incisiva manifestação nos autos, a magistrada Marga Barth Tessler destaca não apenas a pertinência dos critérios e dos procedimentos levados a cabo pela Comissão de Heteroidentificação da UFRGS, mas também a inadequação de se realizar, isolada e subjetivamente, o procedimento de heteroidentificação da candidata e ou de seus familiares. O voto divergente, que mantinha a decisão de primeiro grau, acabou vencido.

Importante afirmar que entendo como perfeitamente legítimas as medidas judiciais impetradas por candidatos(as) indeferidos(as) nos processos internos das universidades. Também vejo com legitimidade as eventuais decisões judiciais que contrariem as decisões da banca pela consideração de ilegalidade do ato administrativo. Todavia, o que chama a atenção no caso em questão é a produção de uma decisão que, além de divergir da decisão administrativa da universidade, apresenta divergência entre as integrantes da própria turma julgadora, em razão da adoção de critérios distintos. A pergunta que se mantém após a breve exposição desse caso é: caso as três magistradas adotassem o mesmo critério para basear seus julgamentos, fossem eles fenotípicos ou baseados na ancestralidade, o resultado não poderia ser outro, mais convergente internamente?

Além do problema identificado no julgamento aqui discutido, de utilização de critérios distintos para análise do caso em questão, creio que é preciso mencionar dois outros aspectos que podem influenciar a produção de julgamentos pouco justos sobre os temas das Ações Afirmativas, de modo geral, e das heteroidentificações, de modo particular. Os dois aspectos estruturantes do sistema de justiça brasileiro, discutidos por Gabriela Lenz Lacerda (2019) em seu trabalho intitulado *De onde fala o juiz? Gênero, raça e classe na magistratura brasileira*, seriam: a) a sobrerrepresentação de magistrados brancos e brancas em comparação com sua participação no corpo da população brasileira; e b) o reiterado silêncio em torno do lugar do branco na produção e reprodução das desigualdades sociorraciais no Brasil.

Se tomarmos como parâmetro as recomendações feitas na ADPF 186 – de que as heteroidentificações deveriam ser feitas por fenótipo e não ascendência e de que as comissões deveriam ser compostas por pessoas com formação nas temáticas das relações raciais no Brasil e levando-se em consideração a diversidade racial, de gênero, de região etc. dos membros – e as confrontarmos com os dois aspectos estruturais e estruturantes do sistema de justiça brasileiro mencionados por Lacerda, ficaremos diante de outra pergunta desconfortável e incômoda: como esperar que uma categoria profissional altamente homogênea do ponto de vista racial – o que Carvalho (2006) define como confinamento racial – e que mantém parte de seus privilégios a partir do silenciamento acerca das desigualdades raciais no Brasil –

situação que Bento (2002) define como pacto narcísico da branquitude – seja a responsável por julgar a legalidade e legitimidade das comissões de heteroidentificação criadas e formadas no interior das universidades?

Esta visível contradição me faz lembrar de um episódio que Daniely Reis e eu experimentamos ao sermos convidados para ministrar uma formação para desembargadores do Tribunal de Justiça de Minas Gerais que, em 2019, seriam responsáveis pelos procedimentos de heteroidentificação racial previstos no concurso da magistratura daquele tribunal. Após falarmos sobre a necessidade de que a comissão fosse composta de maneira diversa, expressando diferentes perspectivas, mas trabalhasse orientada por um critério único (o conjunto das características fenotípicas dos candidatos), um dos desembargadores presentes nos perguntou: "Como lidar com nosso caso específico, onde a comissão é composta por cinco desembargadores, todos homens brancos?".

Fiz uma pequena pausa dramática, e respondi: "Eis a razão de termos políticas afirmativas nos concursos da magistratura!".

Considerações finais

Como argumentei ao longo deste trabalho, um dos méritos das políticas de Ações Afirmativas e, em especial, da inclusão de procedimentos complementares à autodeclaração racial na UFMG, no caso de candidatos(as) autodeclarados(as) negros(as) (pretos ou pardos) e indígenas inscritos na modalidade de reservas de vagas, é recolocar em pauta o debate em torno das identidades raciais dos brasileiros e do Brasil. Ao exigir desses(as) candidatos(as) um movimento ativo de autodeclaração racial, acompanhado de uma reflexão escrita sobre essa autodeclaração, e a necessidade de participarem de um procedimento de heteroidentificação, baseado no fenótipo, a universidade os convida a uma reflexão pessoal, mas também envolve outros setores da sociedade, já que no período em que os(as) estudantes definem seu posicionamento e elaboram suas justificativas mobilizam uma série de atores e instituições que contribuem na elaboração dessas respostas.

É preciso reconhecer, todavia, que em parte destas situações, por mobilizarem argumentos baseados no imaginário da democracia racial brasileira e na tese da miscigenação irrestrita ("No Brasil somos todos mestiços, por isso você é pardo!"), esses atores e instituições acabam trazendo mais confusões do que resoluções para o modo como tais estudantes se enxergam. Como já argumentei no primeiro capítulo deste trabalho, enquanto fazia referências aos argumentos mobilizados por estudantes denunciados(as) por fraudes em cotas na UFMG, as justificativas que se baseavam em "somos todos iguais, por isto sou mestiço/pardo" acabavam se colocando em rota de colisão com a própria Política de Ações Afirmativas, na medida em que reforçavam o mito da mestiçagem irrestrita e também deslegitimavam as políticas destinadas a membros de grupos específicos. Por outro lado, embora recorrendo ao argumento socialmente compartilhado da mestiçagem irrestrita, podemos observar que, a partir do momento em que são implementados os procedimentos de heteroidentificação no âmbito de políticas afirmativas, alguns deslocamentos nessas concepções começam a emergir, pelo fato de os sujeitos se verem como mestiços desracializados e, por isso, beneficiários da política, são indeferidos no processo.

Importante mencionar também que a adoção da perspectiva fenotípica como critério de identificação do público-alvo da política não gera deslocamentos apenas em sujeitos com pouca ou nenhuma melanina que, por desinformação ou má informação, se candidatam às vagas reservadas. No caso destes, a identificação racial feita por membros da banca (heteroidentificação), levando em consideração as características fenotípicas do(a) candidato(a), tenderá a divergir da identificação racial feita pelo(a) próprio(a) candidato(a). Tal divergência, que acarretará em indeferimento da matrícula, pode instaurar nela(a) um processo lento, mas contínuo, de reflexão sobre sua própria identidade racial. Acredito que a adoção desses procedimentos gera deslocamentos também em sujeitos com acúmulo de melanina, que, embora heteroclassificados como pretos ou pardos ao longo da vida (por meio de apelidos racializados, como *neguinho*, *negão*, *preto, macaco, tiziu* etc., utilizados em "brincadeiras" e outros eventos socializadores e que são evidências das heteroidentificações cotidianas), têm a oportunidade de pensar, de modo um pouco mais aprofundado, em sua identidade racial. Adicionalmente, acredito que este movimento de incorporação de mecanismos complementares à autodeclaração tem o condão de impactar os modos de identificação e identidade racial de pessoas com pouca melanina, mas que, em razão de uma decisão política racionalizada, se autodeclararam pretas, pertencentes à população negra, nos censos do IBGE e em outras situações públicas. Muitos destes sujeitos, mesmo não se candidatando às vagas reservadas para a população negra em algum momento da vida, acabam sendo contaminados pelo debate público em torno do assunto e se veem confrontados com a inadequação de se autodeclararem pretos (ou mesmo pardos) nas Políticas Afirmativas. Esses são alguns exemplos do que penso ser um dos efeitos ampliados das Políticas Afirmativas no debate sobre a identificação e a identidade racial dos(as) brasileiros(as).

De modo particular, as experiências concretas que vivi durante as bancas de heteroidentificação racial, atuando como coordenador ou como avaliador, tiveram o potencial de me fazer pensar sobre "quem quer (pode) ser negro no Brasil". Ao me deparar com pessoas que eu inicialmente não veria como pessoas negras se autodeclarando pretas e pardas no momento dos procedimentos de heteroidentificação, fui levado a refletir sobre o modo como eu via e como passaria a ver essas pessoas a partir daquele momento. Em alguns casos, a observação do conjunto de características fenotípicas de candidatos(as) que se identificavam pretos(as) ou pardos(as), talvez pela primeira vez, só me fez reforçar minha compreensão de que eles(as) não eram lidos(as) como pessoas negras.

Em outros casos, no entanto, a autoproclamação como pessoa preta ou parda me permitiu observar com mais atenção determinadas características fenotípicas menos evidentes que a cor da pele. Esta constatação se conecta com uma dúvida muito comum entre pessoas que começam a refletir sobre o procedimento de heteroidentificação: "Se é o julgamento da banca que define a confirmação ou indeferimento da matrícula do candidato, qual é o papel da autodeclaração?".

Em todas as ocasiões em que fui questionado sobre isto, respondi que a autodeclaração é requisito fundamental para a concorrência nas Políticas Afirmativas para pessoas negras. Nem toda pessoa que se autodeclara negra (preta ou parda) passa, necessariamente, a concorrer pela reserva de vagas, mas para concorrer à reserva de vagas é preciso que o(a) candidato(a) se autodeclare negro(a) (preto ou pardo). Além de ser requisito fundamental para a concorrência nas políticas de reservas de vagas, exigindo que o(a) candidato(a) se identifique com o grupo racial público-alvo da política, a autonomeação como pessoa negra instaura a necessidade de que os avaliadores olhem para as características fenotípicas do(a) candidato(a) e as confirme, ou não, como sendo associadas à população negra. Neste sentido, é a autodeclaração que instaura a necessidade e a possibilidade da heteroidentificação, evidenciando a prevalência da primeira sobre a segunda.

No caso específico de candidatos(as) que passaram toda a vida se identificando como "mestiços desracializados", mas que no momento do SiSU se inscreveram na modalidade de vagas reservadas para pessoas negras e por isso precisam passar pelas bancas de heteroidentificação, o fato de se autoproclamarem pardos(as) ou pretos(as) diante da banca pode fazer com que os avaliadores observem com mais atenção o conjunto de suas características fenotípicas, não se restringindo a enquadrá-los(as) no arquétipo do "negro único", comumente representado nas mídia, nos livros didáticos ou nas peças publicitárias inclusivas. Embora os estereótipos e o silenciamento em torno dos corpos negros sigam atuando como formas eficientes de produção e reprodução do racismo e das desigualdades raciais (JESUS, 2018), alguns pesquisadores dos campos da comunicação e da moda têm chamado a atenção para as tendências "inclusivas" que passaram a representar negros como "negros únicos" em espaços de visibilidade e reconhecimento. Tal tendência, aliás, não é em nada contraditória com o mito da democracia racial e com a meritocracia à brasileira, já que a presença de determinados sujeitos negros em determinados lugares de destaque seriam mostras incontestes da inexistência de barreiras raciais entre nós. No que se refere a nosso tema de reflexão, as heteroidentificações, a consolidação da imagem do "negro único" pode contribuir para o fortalecimento das imagens em torno do "negro essencializado", dificultando o reconhecimento, por parte dos avaliadores, mas não apenas deles, da diversidade interna da população negra no Brasil.

De modo particular, posso dizer que as experiências que tive na condição de avaliador me permitiram reconhecer a existência de uma população negra internamente mais diversa do que as representações imagéticas disponíveis nos meios acima referidos. Ao me defrontar com negros de pele clara que, em razão do imaginário e das políticas de branqueamento, passaram parte da vida se anunciando como brancos ou mestiços desracializados, mas que, em função das políticas de ações afirmativas, passaram a se anunciar como pessoas negras, tive a oportunidade de problematizar minhas próprias representações sobre os "negros essencializados".

"Ah, mas não seria injusto identificar como negros aqueles sujeitos que, pela primeira vez e em razão das Ações Afirmativas, passaram a se autonomear como negros?", perguntariam alguns. Ao que eu respondo: se a emergência das políticas de cotas tem possibilitado que sujeitos fenotipicamente negros que, ao longo da vida, se autoidentificaram como não negros passem a reconhecer e valorizar seus traços negros, dando início ao processo de "tornar-se negro", posso dizer que as Políticas Afirmativas cumpriram seu papel.

Se as Políticas de Ações Afirmativas têm cumprido este papel na vida de tantos(as) jovens negros(as) egressos(as) das políticas de reservas de vagas no ensino superior (Jesus, 2018), penso que também poderia fazer isso pelo Brasil. Se a emergência das políticas de cotas possibilitasse que o Brasil, composto por uma grande população autodeclarada negra, mas que ao longo de sua história tem se autoidentificado como país mestiço e, portanto, não racializado, passasse a se reconhecer como nação plurirracial, reconhecendo e valorizando sua cultura, história e, sobretudo, as vidas negras, eu poderia dizer que as políticas afirmativas cumpriram seu papel.

Referências

ALBERTI, Verena; PEREIRA, Amilcar Araujo. Histórias do Movimento Negro no Brasil: depoimentos ao CPDOC. Rio de Janeiro: Pallas; CPDOC-FGV, 2007.

ALMEIDA, Silvio. O que é racismo estrutural? Belo Horizonte: Letramento, 2018.

ALVIM, Cristina Gonçalves. Ações Afirmativas: preocupação de cada um e projeto de todos. Boletim UFMG, Belo Horizonte, 11 mar. 2019. Disponível em: <http://bit.ly/2MKCBoD>. Acesso em: 2 nov. 2020.

BENTO, Maria Aparecida Silva. Pactos narcísicos no racismo: branquitude e poder nas organizações empresariais e no Poder Público. 185 f. Tese (Doutorado em Psicologia Escolar e do Desenvolvimento Humano) – Instituto de Psicologia, Universidade de São Paulo, São Paulo, 2002.

BICUDO, Virgínia Leone. Atitudes raciais de pretos e mulatos em São Paulo. Edição organizada por Marcos Chor Maio. São Paulo: Sociologia e Política, 2010.

BRAGA, Mauro M; PEIXOTO, Maria do Carmo L. Censo socioeconômico e étnico de graduação da UFMG. Belo Horizonte: Editora UFMG, 2006.

BRASIL. Presidência da República. Lei 12.711 de 29 de agosto de

2012. Dispõe sobre o ingresso nas universidades federais e nas instituições federais de ensino técnico de nível médio e dá outras providências. Disponível em: <https://bit.ly/3rjAQxL>. Acesso em: 27 jul. 2018.

BRASIL. Tribunal Regional Federal (4. Região). Processo n.º 5.022.677-97.2018.4.04.7100/RS. Desembargadora relatora: Vânia Rack de Almeida – 3 º Turma – TRF4. Data de publicação DOE: 17 de Novembro de 2020. Disponível em <https://bit.ly/30xhCJ9> Acesso em: 6 nov. 2020.

CARVALHO, José Jorge de. A política de cotas no ensino superior: ensaio descritivo e analítico do Mapa das Ações Afirmativas no Brasil. Brasília: INCT, 2016. Disponível em: <https://bit.ly/3bdMDbe>. Acesso em: 6 maio 2020.

CARVALHO, José Jorge de. O confinamento racial do mundo acadêmico brasileiro. Revista da USP, São Paulo, n. 22, 2006.

CAVALLEIRO, Eliane dos Santos. Do silêncio do lar ao silêncio escolar: racismo, preconceito e discriminação na educação infantil. 3. ed. São Paulo: Contexto, 2003.

COMISSÃO permanente de ações afirmativas inicia atividades. Portal de notícias UFMG, Belo Horizonte, 28 maio 2018. Disponível em: <http://bit.ly/3qz57HD>. Acesso em 11 mar. 2020.

DAFLON, Verônica; FERES JR., João; CAMPOS, Luiz. Ações afirmativas raciais no ensino superior público brasileiro: um panorama analítico (2013). Cadernos de Pesquisa, v. 43, n. 148, p. 302-327.

DIAS, Fernanda Vasconcelos. "Sem querer você mostra o seu preconceito!": um estudo sobre as relações raciais entre jovens estudantes de uma escola de Ensino Médio. 273 f. Dissertação (Mestrado em Educação) – Faculdade de Educação, Universidade Federal de Minas Gerais, Belo Horizonte, 2011.

FANON, Frantz. Pele negra, máscaras brancas. Bahia: EdUFBA, 2008.

FAZZI, Rita de Cássia. O drama racial de crianças brasileiras: socialização entre pares e preconceito. Belo Horizonte: Autêntico, 2004.

FONSECA, Marcus. O predomínio dos negros nas escolas de Minas Gerais do século XIX. Educação e Pesquisa, São Paulo, v. 35, n. 3, p. 585-599, 2009.

FORTIN, Marie-Fabienne. O processo de investigação: da concepção à realização. 3. ed. Loures: Lusociência, 2003.

FREYRE, Gilberto. Casa grande e senzala. Rio de Janeiro: Schmidt, 1993.

GAHYVA, H. Atitudes raciais de pretos e mulatos em São Paulo. Horizontes Antropológicos, v. 17, n. 36, p. 296-300, jul.-dez. 2011.

GOMES, Nilma Lino. Alguns termos e conceitos presentes no debate sobre relações raciais no Brasil: uma breve discussão histórica. (Coleção Educação para Todos). Brasília: Ministério da Educação; Secretaria de Educação Continuada, Alfabetização e Diversidade, 2005.

GOMES, Nilma Lino. O movimento negro educador: saberes construídos nas lutas por emancipação. Petrópolis: Vozes, 2017.

GOMES, Nilma Lino. Movimento negro e educação: ressignificando e politizando a raça. Educação e Sociedade, on-line, v. 33, n. 120, p. 727-744, 2012. ISSN 1678-4626

GOMES, Nilma Lino; JESUS, Rodrigo Ednilson de. As práticas pedagógicas de trabalho com relações étnico-raciais na escola na perspectiva de Lei 10.639/2003: desafios para a política educacional e indagações para a pesquisa. Educar em Revista, Curitiba, n. 47, p. 19-33, jan.-mar. 2013.

GONÇALVES, Luiz Alberto Oliveira. O silêncio: um ritual pedagógico a favor da discriminação racial nas escolas públicas de 1º grau. 342 f. Dissertação (Mestrado em Educação) – Universidade Federal de Minas Gerais, Belo Horizonte, 1985.

GUIMARÃES, Antônio Sérgio A. Raça, racismo e grupos de cor no Brasil. Estudos Afro-Asiáticos, Rio de Janeiro, n. 27, p. 45-63, abr. 1995.

IKAWA, Daniela. Direito às ações afirmativas em universidades brasileiras. In: SARMENTO, Daniel; PIOVESAN, Flávia; IKAWA, Daniela. Igualdade, diferença e direitos humanos. Rio de Janeiro: Lumen Juris, 2008.

JESUS, Rodrigo Ednilson de (Org.). Reafirmando direitos: trajetórias de estudantes cotistas negros(as) no ensino superior brasileiro. 1. ed. v. 1. Belo Horizonte: Ações Afirmativas na UFMG, 2019.

JESUS, Rodrigo Ednilson de. Ações afirmativas, educação e relações raciais: conservação, atualização ou reinvenção do Brasil?. 278 f. Tese (Doutorado em Educação) – Faculdade de Educação, Universidade Federal de Minas Gerais, Belo Horizonte, 2011.

JESUS, Rodrigo Ednilson de. Autodeclaração e heteroidentificação racial no contexto das políticas de cotas: quem quer (pode) ser negro no Brasil?. In: SANTOS; COLEN; JESUS (Orgs.). Duas décadas de políticas afirmativas na UFMG: debates, implementação e acompanhamento. (Coleção Estudos Afirmativos, v. 9). Rio de Janeiro: LPP/UERJ, 2018.

KILOMBA, Grada. Memórias da plantação: episódios de racismo cotidiano. Rio de Janeiro: Cobogó, 2019.

LACERDA, Gabriela Lenz de. De onde fala o juiz? Gênero, raça e classe na magistratura brasileira. In: Matos, Lúcia Rodrigues de; CARBALLIDO, Manuel Eugenio Gándaro (Orgs.). Sem direitos não há justiça; pensando os Direitos Humanos desde o Poder Judiciário. São Leopoldo/RS: Oikos, 2020.

LIMA, João Francisco Lopes de. O sujeito, a racionalidade e o discurso pedagógico da modernidade. Interações, São Paulo (on-line), v. 7, n. 14, p. 59-84, dez. 2002.

MINISTÉRIO PÚBLICO FEDERAL (MPF). Ação declaratória de constitucionalidade 41 DF. Disponível em: <https://bit.ly/3bWEuqW>. Acesso em: 21 jan. 2018.

MUNANGA, Kabengele. Rediscutindo a mestiçagem no Brasil: identidade nacional versus identidade negra. Belo Horizonte: Autêntica, 2004.

NASCIMENTO, Mirella. Gente Branca: o que os brancos de um país racista podem fazer pela igualdade além de não serem racistas?. (versão on-line). Tab Uol, São Paulo, 21 maio 2018. Disponível em: <http://bit.ly/2OnyQ90>. Acesso em: 5 jan. 2019.

NOGUEIRA, Oracy. Tanto preto quanto branco: estudo de relações raciais. São Paulo: T.A. Queiroz, 1985.

OLIVEIRA, Valéria; VIANA, Mariana Marilack; LIMA, Luciana Conceição de. O ingresso de cotistas negros e indígenas em universidades federais e estaduais no brasil: uma descrição a partir do censo da educação superior. In: JESUS, Rodrigo Ednilson de (Org.). Reafirmando direitos: trajetórias de estudantes cotistas negros(as) no ensino superior brasileiro. 1. ed. v. 1. Belo Horizonte: Ações Afirmativas na UFMG, 2019.

OSÓRIO, Rafael Guerreiro. A classificação de cor ou raça do IBGE revisitada. In: PETRUCCELLI, José Luís; SABOIA, Ana Lucia (Orgs.). Características étnico-raciais da população: classificação e identidades. Rio de Janeiro: IBGE, 2013. (Série Estudos e Análises de Informação Demográfica e Socioeconômica, v. 2).

PENA, Sérgio Danilo; BORTOLINI, Maria Cátira. Pode a genética definir quem deve se beneficiar das cotas universitárias e demais ações afirmativas?. Estudos Avançados, on-line, v. 18, n. 50, p. 31-50, 2004.

PETRUCCELLI, José Luís; SABOIA, Ana Lucia (Orgs.). Características étnico-raciais da população: classificação e identidades. Rio de Janeiro: IBGE, 2013. (Série Estudos e Análises de Informação Demográfica e Socioeconômica, v. 2).

PRADO FILHO, Kleber; MARTINS, Simone. A subjetividade como objeto da(s) psicologia(s). Psicologia e Sociedade, on-line, v. 19, n. 3, set.-dez 2007. Disponível em: <http://bit.ly/3rcY2Oa>.

REIS, Dyane Brito. Acesso e permanência de negros(as) no ensino superior: o caso da UFBA. In: LOPES, Maria Auxiliadora; BRAGA, Marai Lúcia de Santana (Orgs.). Acesso e permanência da população negra no ensino superior. Salvador: Ministério da Educação; Secretaria de Educação Continuada, Alfabetização e Diversidade; Unesco, 2007.

SANTOS, Adilson Pereira dos. Implementação da lei de Cotas em três universidades federais mineiras. 222 f. Tese (Doutorado em Educação) – Faculdade de Educação, Universidade Federal de Minas Gerais, Belo Horizonte, 2018.

SANTOS, Jocélio T. dos; QUEIROZ, Delcele Mascarenhas. Sistema de cotas e desempenho de estudantes nos cursos da UFBA. In: BRANDÃO, André Augusto (Org.). Cotas raciais no Brasil: a primeira avaliação. 1 ed. Rio de Janeiro: DP&A Editora, 2007. v. 1, p. 115-135.

SARMENTO, Rayza; FREITAS, Matheus. As falas sobre a fraude: análise das notícias sobre casos de fraudes nas cotas raciais em universidades em Minas Gerais. Revista Brasileira de Estudos Pedagógicos, v. 101, n. 258, p. 271-293, 2020.

SOUZA, Kelly Cristina Cândida de. Mestres/as negros/as: trajetórias na pós-graduação dos/as egressos/as do curso de formação préacadêmica Afirmação na Pós. 215 f. Dissertação (Mestrado em Educação) – Programa de Pós-Graduação em Educação. Faculdade de Educação, Universidade Federal de Minas Gerais, Belo Horizonte, 2018.

SUPREMO TRIBUNAL FEDERAL (STF). ADC 41. Relator: Ministro Roberto Barroso. Publicado no DJ de 17 de agosto de 2017. Disponível em: <http://bit.ly/3c1BlGn>. Acesso em: 21 mar. 2018.

SUPREMO TRIBUNAL FEDERAL (STF). Arguição de Descumprimento de Preceito Fundamental 186 de 26 de abril de 2012. Disponível em: <https://bit.ly/3qc8fZP>. Acesso em: 4 set. 2018.

SUPREMO TRIBUNAL FEDERAL (STF). Notas taquigráficas da Audiência Pública de Arguição de Descumprimento de Preceito Fundamental 186 e Recurso Extraordinário 597.285 de 3 a 5 de março de 2010. Disponível em: <https://bit.ly/3elLIYz>. Acesso em: 3 mar. 2021.

TEIXEIRA, Moema Poli. Desigualdades Raciais. Estudos e Pesquisas. Informação Demográfica e Socioeconômica, IBGE, v. 1, 1999.

TELLES, Edward. Racismo à Brasileira: uma nova perspectiva sociológica. Tradução de Nadjeda Rodrigues Marques e Camila Olsen. Rio de Janeiro: Relume Dumará – Fundação Ford, 2003.

UNIVERSIDADE FEDERAL DE MINAS GERAIS (UFMG). Edital UFMG/SiSU 2019. Edital complementar ao edital do processo seletivo para acesso aos cursos presenciais de graduação da UFMG em 2019 pelos candidatos selecionados por meio do SiSU com base no resultado do ENEM. Disponível em: <https://bit.ly/3kMcU3v>. Acesso em: 6 maio 2020.

UNIVERSIDADE FEDERAL DE MINAS GERAIS (UFMG). Edital UFMG/SiSU 2020. Edital complementar ao edital do processo seletivo para acesso aos cursos presenciais de graduação da UFMG em 2019 pelos candidatos selecionados por meio do SiSU com base no resultado do ENEM. Disponível em: <https://bit.ly/3t8GuDs>. Acesso em: 6 set. 2020.

UNIVERSIDADE FEDERAL DE MINAS GERAIS (UFMG). Portaria nº 112, de 18 de maio de 2018. Cria e designa servidores docentes, técnico-administrativos e estudantes para compor a Comissão Permanente de Ações Afirmativas e Inclusão da UFMG. Disponível em: <https://bit.ly/3sPKDvM>. Acesso em: 6 maio 2020.

VAZ, Lívia Maria Santana e Sant'Anna. As comissões de verificação e o direito à (dever de) proteção contra a falsidade de autodeclarações raciais. In: DIAS, Gleidson Renato Martins; TAVARES JR., Paulo Roberto Faber (Orgs.). Heteroidentificação e cotas raciais: dúvidas, metodologias e procedimentos. 1. ed. Canoas/RS: IFRS Campus Canoas, 2018.

VELLOSO, Jacques. Cotistas e não-cotistas: rendimento de alunos da Universidade de Brasília. Cadernos de Pesquisa, v. 39, n. 137, p. 621-644, maio-ago. 2009.

ZAKABI, Rosana; CAMARGO, Leoleli. Raça não existe! Revista Veja, São Paulo, ed. 2011, v. 40, n. 22, p. 82-89, 2007.

Este livro foi composto com tipografia Minion Pro e impresso
em papel Off-White 80 g/m^2 na Formato Artes Gráficas.